伊藤塾編

第3版

うかる！司法
書士

必出
3300②選
全11科目

不動産登記法編

日本経済新聞出版

第3版　はしがき

　私がこの本に込めた一番のメッセージは、**基礎の徹底こそが合格への一番の近道である**ということです。問われる知識が膨大な司法書士試験だからこそ大事なのが**基礎の積み重ね**です。単に「知っている」で済まさず、何度も繰り返し基礎を固めることが、実は合格への一番の近道であるということが、約10年の受験指導の経験の中で私が感じているところです。

　そして、この『うかる！司法書士 必出3300選』シリーズは、まさに**基礎の徹底**を具現化した教材となっており、司法書士試験の合格を目指す受験生のみなさんにとって、合格への一番の近道を示しているものと自負しています。

　さて、当シリーズが刊行されてから8年近く経ちました。その間、本書の最大の特長であるインプット（知識の習得）とアウトプット（問題演習）の同時学習形式が好評を得、大変多くの受験生にご利用いただいています。また、第2版においては、理解を促すコメントやイメージをつかみやすくするための図を入れるなど、よりわかりやすさを向上させる内容へと改訂を行いました。

　近年は、民法の債権法及び相続法改正のほか、民法の物権法・不動産登記法の改正や、令和元年会社法改正など、社会の変化に伴い、**規模の大きな改正**が絶え間なく行われています。

　また、**司法書士試験の傾向**も初版、第2版が刊行されてから少なからず変化がありました。

　そこで、このような最新の法改正及び試験傾向の変化に対応すべく版を改めることとしました。

　今後も、当シリーズを効果的に利用し、合格に向けて効率のよい学習を進めていただければ幸いです。

2023年3月

伊藤塾司法書士試験科講師
髙橋　智宏

目　次

・本書は、2023年3月15日までに公布・発出され、4月1日までに施行される法令に準じて作成されています。
・法改正・判例変更等の新情報は、軽微なものを除き、改訂時に対応いたします。
・刊行後の法改正などの新情報は、伊藤塾ホームページ上に掲載します。
https://www.itojuku.co.jp/shiken/shihoshoshi/index.html

本書の特長

最強の情報集約ツール

　司法書士試験は問われる知識量が膨大であるため、いかに細かいことを多く知っているかの勝負であると思われがちですが、実は違います。**重要かつ基礎的な知識（＝Ａランクの知識）を正確に押さえることが合格の必須条件であり、これこそが合否を分けるポイント**になります。

　もちろん最終的には、試験範囲全体を網羅して学習することも必要ですが、網羅することに気をとられてしまい、Ａランクの知識がおろそかになってしまうのが司法書士試験の落とし穴といえるでしょう。そうならないためにも、**Ａランクの知識に絞った学習を行い、盤石な基礎を固めること**が何よりも重要です。

　しかし、ただ重要知識に絞ったテキストを繰り返し読めばよいというわけでもありません。知識は単に吸収（インプット）するだけでは本試験で使えず、どのように本試験で問われるかを、問題演習（アウトプット）を通して同時に把握していく必要があります。

　本書は、司法書士試験の合格に必要なＡランクの知識を効率的に習得するための、**ドリルとテキストが一体となった最強の情報集約ツール**です。

　見開きページで構成し、左側に演習用の問題、右側に知識整理用のまとめ表を配置することで、インプットとアウトプットを同時に行うことができ、知識の吸収力が高まるのはもちろん、テキストと問題集の２冊を持ち歩く必要がないため、利便性にも優れています。また、基礎固め用の教材としても、直前期の知識の総まとめ用の教材としても活用することができるため、初学者から中上級者まで、幅広い層の受験生に適した教材となっています。

時間のない受験生の強い味方

　試験範囲全体を網羅した教材は、ページ数が多いため、時間のない受験生にとって繰り返し取り組むのが難しく、また、通勤時間などのスキマ時間を活用した学習にも扱いにくいことでしょう。

　本書は、**司法書士試験受験用の教材の中で最もコンパクトにまとまっている**ため、繰り返し取り組みやすく、かつスキマ時間の活用に適した教材となっています。「繰り返し取り組んで知識の定着を図りたい」、「通勤時間を活用して知識の整理を行いたい」といった時間のない受験生の強い味方となる教材です。

　なお、本書は択一式問題に特化した教材であり、法律を学ぶ上において重要な項目に絞っているため、司法書士試験対策に限らず、司法試験予備試験、司法試験、行政書士試験、公務員試験、大学の試験等の択一（短答）式試験の対策にも使用することができます。

髙橋智宏講師

本 書 の 使 い 方

　本書は、「本書の特長」にもあるように、司法書士試験合格に必要なＡランクの知識を効率的に習得するために情報を集約したツールですが、使い方の工夫次第で、単に繰り返すよりも何倍にも増して効果を上げることができます。本書の構造と利用法を正しく把握し、学習効果を一層上げていきましょう。

① 本書の構造

❶ 体系 MAP

　各編の扉に不動産登記法の全体像を地図として示した「体系MAP」を掲載しています。ここで、全体の中のどこを学習するのかを把握した上で学習を進めることで、体系的な理解がしやすくなります。

❷ 見開きページ

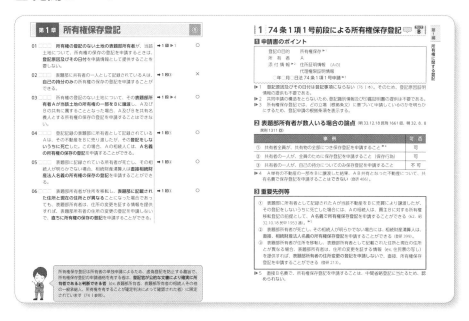

　見開きページの左側は問題と解答、右側は知識を整理したテキストという構成です。

　問題を解く際は、テキストの抽象的な記載を、具体的な問題(事例問題など条文や判例の文言とは異なる表現によるもの)に当てはめる、いわば知識の応用力が必要となります。この知識の応用力を身に付けるためには、左側の問題を解いて正誤を確認して終わりにするのではなく、右側のテキストの記載と結びつけるプロセスをしっかり踏むことが必要です。どのような手順で取り組むかに関しては、次のようなやり方があります。

❹ 左側の問題・解答ページを先に取り組み、答え合わせの際に右側のテキストページを参照する。その後、右側のテキストページを通しで確認する

　一番スタンダードな方法で、知識の確認と整理を同時に行うことができます。講義等を受講した後の整理教材として使用するのであれば、このやり方がお勧めです。

❺ 右側のテキストページを通しで確認した上で、左側の問題・解答ページに取り組み、答え合わせの際に右側のテキストページを再度参照する

　先に知識整理を行うため、問題とのリンクがしやすいという利点があります。❹のやり方を試したが問題が解けない、あるいは、まだ知識のインプットがしっかりできていないという場合にお勧めです。

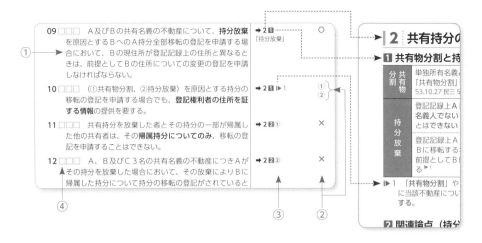

①問題文：問題には、一問一答と一問多答の形式があります。

②解答：一問一答においては、問題文どおり正しいときは○、誤っているときは×と表示してあります。一問多答においては、一問につき複数の解答を表示しています。

③解説：右ページ（テキスト）のリンク先を➡以降に表示してあります。正解した場合でも、怠らず確認しましょう。

　問題で問われている知識が他の知識との関係でどの部分に位置づけられているかも意識しましょう。また、比較事項や関連事項等の記載があれば、併せて何度も確認しながら学習しましょう。

　判例や条文の知識が必要な場合は、該当する判例・条文を提示しました。

④チェック欄：3回分用意しました。1回毎にチェックするだけでなく、自分の正誤を○×等の記号を用いて記録すると、更にメリハリがつき記憶を助けます。

⒞ 左側の問題・解答ページを中心に取り組み、解答を間違えた箇所だけ右側のテキストページを参照する

　問題を中心に取り組むため、知識の抜けを点検したいときにお勧めです。これは、直前期に適した方法です。

　ⓐからⓒまでのいずれにするかは、学習状況や時期によって適宜合ったものを採用するとよいでしょう。

　なお、本シリーズの最大の特長である見開きのレイアウトは、解答が見えやすいのが唯一の難点です。そこで、目隠しとして利用可能なしおりを付けました。伊藤塾講師からみなさんへのメッセージも入っています。合格までは辛いことも多いですが、しおりにあるメッセージのとおり、がんばっていきましょう。

3 講師コメント・図解

　理解しづらいところや必ず押さえてほしいところに講師からのコメント・アドバイスや関係図・イラストを置きました。これを通して、理解を深め、次の項目へ進みましょう。

4 重要度ランク

　学習の優先順位の目安として、各単元にランクを付しました。重要度が高いほうから、ＡＢＣの順に示しています。これによりメリハリが付いた学習が可能となります。

2 よくある質問

　各編の最後に「よくある質問Q＆A」と題し、伊藤塾に受験生からよく寄せられる質問をQ＆A形式でまとめています。これを通して、理解を深めておきましょう。

3 学習開始にあたり

　本書を徹底的に活用すれば、合格の土台となる盤石な基礎を確立することができます。実際に多くの受験生が本書に何度も繰り返し取り組み、合格を果たしています。迷うことなく本書を活用してください。

　本書を糧として、着実に一歩一歩前へ進み、合格をつかみ取ることを祈っています。

凡　例

1　法令名の表記

　　根拠条文や参照条文を表すカッコ内の法令名は、不動産登記法は省略し、数字のみ
の記載となっています。ただし、他の法律の後に併記されている場合は、「法」が付
いています。

　　その他、以下のとおり略記しました。

会計法……会計	不動産登記事務取扱手続準則……準
会社法……会	不動産登記令……令
行政不服審査法……行審	不動産登記令別表第○項申請情報……令別表○申
戸籍法……戸籍	不動産登記令別表第○項添付情報……令別表○添
借地借家法……借地借家	民事執行法……民執
信託法……信託	民事保全法……民保
建物の区分所有等に関する法律……区分所有	民事保全規則……民保規
農地法……農地	民　法……民
破産法……破	登録免許税法……登免税
不動産登記規則……規	

　　なお、参考文献として、「登記研究……登研」、「不動産登記記録例……記録例」と
略記し、後に記載号を記しました。

2　条文の表記

　　法令名に続くアラビア数字は、条文（番号）を表します。また、必要に応じ、各項
に対応してⅠⅡⅢ……（ローマ数字）を、各号に対応して①②③……を付しました。

　　その他、以下のとおり略記しました。

　　括弧書……括、前段・後段……前・後、本文……本、ただし書……但、柱書……柱
例えば、「74Ⅰ①前」は、「第74条第1項第1号前段」を意味します。また、条
文を併記するときは〈、〉で、準用を表すときは〈・〉で区切ってあります。

3　判例・先例の表記

　　判例については、①最高裁を「最」、大審院を「大」、②判決を「判」、決定を「決」、
③元号及び年月日については、元号の明治・大正・昭和・平成・令和をそれぞれ「明・大・
昭・平・令」、年月日を「○.○.○」と略記しました。例えば、「最判昭32.11.14」は、
「昭和32年11月14日最高裁判決」を意味します。

　　先例については、発出年月日・発出機関・先例番号・先例の種類で表記しました。
先例の種類は、回答を「回」、通達及び通知を「通」と略記しました。したがって、「昭

34.12.18 民甲 2842 回」は、「昭和 34 年 12 月 18 日民事甲第 2842 号民事局長回答」を意味します。

4　その他の表記

⑴　項　目

本書は、編、章に分かれています。さらに、各章の項目として、大きい順に、**1**・**2**……、**❶**・**❷**……、**ⓐ**・**ⓑ**……、ア・イが続きます。

⑵　記号の説明

ex.…… 　具体例

cf.…… 　比較しておさえるべき事項

∵…… 　趣旨や理由。理解、記憶する際の補助として活用しましょう

▶…… 　表中や文中の事項につき、更に詳しい説明や注意事項を指摘

＊…… 　補足事項

💡…… 　受験生が間違いやすい知識、意識して学習してほしいポイントを指摘

💬…… 　講師からのコメント

5　参考文献

本書を作成するにあたり、以下の文献・資料を参考にさせていただきました。

- 幾代通＝浦野雄幸編『判例・先例コンメンタール　新編　不動産登記法』（三省堂・1999）
- 幾代通＝徳本伸一補訂『不動産登記法 [第 4 版]』（有斐閣・1994）
- 浦野雄幸『先例判例で読み解く新不動産登記法』（三省堂・2007）
- 香川保一編著『新訂　不動産登記書式精義　上・中・下』（テイハン・1994）
- 河合芳光『逐条不動産登記令』（金融財政事情研究会・2005）
- 清水響編著『Ｑ＆Ａ不動産登記法』（商事法務・2007）
- 幸良秋夫『新訂　設問解説　判決による登記』（日本加除出版・2022）
- 筒井健夫＝村松秀樹編著『一問一答　民法（債権関係）改正』（商事法務・2018）
- 堂薗幹一郎＝野口宣大編著『一問一答　新しい相続法 [第 2 版]——平成 30 年民法等（相続法）改正、遺言書保管法の解説』（商事法務・2020）
- 日本法令不動産登記研究会編『改訂版　わかりやすい信託登記の手続』（日本法令・2016）
- 山野目章夫『不動産登記法 [第 2 版]』（商事法務・2020）
- 村松秀樹＝大谷太編著『Ｑ＆Ａ 令和 3 年改正民法・改正不登法・相続土地国庫帰属法』（金融財政事情研究会・2022）

一歩進んだ効果的活用法

1 確かな最新情報を入手する！

伊藤塾では、司法書士試験に役立つ情報を、ホームページやSNS（YouTube、Twitter、Facebook）等で定期的にお届けしています。より効率的な学習ができるように最新情報を取得して、合格を目指しましょう。

試験情報や法改正情報、合格者の学習法、無料イベント、司法書士実務家無料講演会など、受験生に有益で正確な最新情報をホームページで発信しています。定期的にチェックして、受験勉強に役立てましょう！

[1] 伊藤塾司法書士試験ホームページから
——— Web体験講義・無料公開講座・ガイダンス

**最新のガイダンス・無料講義を
自分の都合のつく時間に見たい！**

Webで

伊藤塾校舎が遠い方やご都合が合わない方は、伊藤塾の無料ストリーミングでガイダンスや体験講義にご参加ください。

伊藤塾　🔍検索

**講師や伊藤塾合格者スタッフの話を
直接聞きたい、相談したい！**

伊藤塾校舎で

入門講座担当講師等が試験の制度から講座の特長、合格の秘訣をお伝えします。日程は伊藤塾ホームページでご確認ください。

ガイダンス内容
- ●司法書士の魅力　　●カリキュラム・日程 など
- ●司法書士試験
  合格の秘訣
- ●司法書士試験
  の概要
- ●受講料に
  関する相談

伊藤塾 司法書士試験ホームページ

https://www.itojuku.co.jp/shiken/shihoshoshi/index.html

[2] SNSから──YouTube、Twitter、Facebook

伊藤塾チャンネル　　　　伊藤塾 司法書士試験科　　　　伊藤塾 司法書士試験科
公式 **YouTube**　　　　公式 **Twitter**　　　　　公式 **Facebook**

伊藤塾講師・伊藤塾出身合格者・司法書士実務家による、学習方法をはじめ、司法書士業務に関する動画を配信しています。

2 無料公開講座を活用する！

　伊藤塾には、合格に役立つ最新情報を提供している無料で受講できる公開講座があります。伊藤塾生でなくても、どなたでもご参加いただけます。これらは無料ストリーミングで配信もしていますので、来校の難しい場合でも、講義を視聴することができます。

　また、既刊講座等の講義内容のイントロダクションになっている無料公開講座もありますので、講座を受講する予定の方、受講を迷われている方、初めて伊藤塾を利用する方も、ぜひご活用ください。

3 無料カウンセリングで学習相談をする！

　伊藤塾では、勉強方法や受講相談など、試験に関連する質問を、講師に直接マンツーマンで相談できる「パーソナルカウンセリング制度」を用意しています。

　「どのように勉強をすればよいのか？」

　「どのように学習スケジュールを組み立てればよいのか？」etc

　学習を進めていくと湧いてくる疑問や悩みに、伊藤塾講師陣が丁寧に対応しますので、ぜひご活用ください。

不動産登記法

所有権に関する登記

●体系MAP

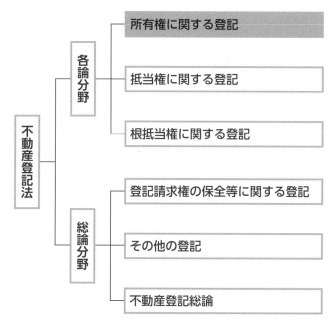

01 □□□ **所有権の登記のない土地の表題部所有者**が、当該土地について、所有権の保存の登記を申請するときは、**登記原因及びその日付**を申請情報として提供することを要しない。　→1 **1** ▶1　〇

02 □□□ 表題部に共有者の一人として記録されているAは、**自己の持分のみ**の所有権の保存の登記を申請することができる。　→1 **2** ③　✕

03 □□□ 所有権の登記のない土地について、その**表題部所有者A**が当該土地の所有権の一部をBに譲渡し、A及びBの共有に属することとなった場合、A及びBを共有名義人とする所有権の保存の登記を申請することはできない。　→1 **2** ▶4　〇

04 □□□ 登記記録の表題部に所有者として記録されているAは、その不動産をBに売り渡したが、その**登記をしないうちに死亡**した。この場合、Aの相続人Cは、**A名義の所有権の保存の登記**を申請することができる。　→1 **3** ①　〇

05 □□□ 表題部に記録されている所有者が死亡し、その相続人が明らかでない場合、相続財産清算人は**直接相続財産法人名義の所有権の保存の登記**を申請することができる。　→1 **3** ②　〇

06 □□□ 表題部所有者が住所を移転し、**表題部に記載された住所と現在の住所とが異なる**ことになった場合であっても、表題部所有者は、住所の変更を証する情報を提供すれば、表題部所有者の住所の変更の登記を申請しないで、**直ちに所有権の保存の登記**を申請することができる。　→1 **3** ③　〇

所有権保存登記は所有者の単独申請によるため、虚偽登記を防止する趣旨で、所有権保存登記の申請適格を有する者は、**登記官が公的な文書により確実に所有者であると判断できる者**（ex.表題部所有者、表題部所有者の相続人その他の一般承継人、所有権を有することが確定判決によって確認された者）に限定されています（74Ⅰ参照）。

1 74条1項1号前段による所有権保存登記 💬 ランク B

1 申請書のポイント

> 登記の目的　　所有権保存 ▶1
> 所 有 者　　A
> 添付情報 ▶2　住所証明情報　〔Aの〕
> 　　　　　　　代理権限証明情報
> ○年○月○日法74条1項1号申請 ▶3

▶1　登記原因及びその日付は登記事項にならない (76 I 本)。そのため、登記原因証明情報の提供も不要である。

▶2　共同申請の構造をとらないため、登記識別情報及び印鑑証明書の提供は不要である。

▶3　所有権保存登記では、どの立場 (根拠条文) に基づいて申請しているのかを明らかにするため、登記申請の根拠条項を表示する。

2 表題部所有者が数人いる場合の論点 (明33.12.18民刑1661回、明32.8.8 民刑1311回)

事　例	可　否
① 共有者全員が、共有物の全部につき保存登記を申請すること ▶4	可
② 共有者の一人が、全員のために保存登記を申請すること (保存行為)	可
③ 共有者の一人が、自己の持分についてのみ保存登記を申請すること	不 可

▶4　A単有の不動産の一部をBに譲渡した結果、AB共有となった不動産について、共有名義で保存登記を申請することはできない (登研486)。

3 重要先例等

> ① 表題部に所有者として記録されたAが当該不動産をBに売買により譲渡したが、その登記をしないうちに死亡した場合には、Aの相続人は、買主Bに対する所有権移転登記の前提として、A名義で所有権保存登記を申請することができる (62、昭32.10.18民甲1953通)。 ▶5
> ② 表題部所有者が死亡し、その相続人が明らかでない場合には、相続財産清算人は、直接、相続財産法人名義の所有権保存登記を申請することができる (登研399)。
> ③ 表題部所有者が住所を移転し、表題部所有者として記載された住所と現在の住所とが異なる場合、表題部所有者は、住所の変更を証する情報 (ex. 住民票の写し) を提供すれば、表題部所有者の住所変更の登記を申請しないで、直接、所有権保存登記を申請することができる (登研213)。

▶5　直接B名義で、所有権保存登記を申請することは、中間省略登記に当たるため、認められない。

07 □□□　表題部に所有者として記録された者が死亡し、共同相続があった場合、各共同相続人は、**自己の持分のみ**について所有権の保存の登記を申請することはできない。　➡ 2 **1**①　〇

08 □□□　表題登記のみがされたＡ法人所有の建物を**合併**により承継取得したＢ法人は、直接Ｂ法人名義で所有権の保存の登記を申請することができる。　➡ 2 **1**②　〇

09 □□□　土地の登記記録の表題部に所有者として記録されたＡが財産の全部をＢに**包括遺贈**する旨の遺言をして死亡した場合、Ｂは、当該土地について、自己の名義で所有権の保存の登記を申請することができる。　➡ 2 **1**③　×

10 □□□　土地の登記記録の表題部にＡ及びＢが共有者として記録されている場合において、Ａの死亡によりＣ及びＤが、さらに、Ｃの死亡によりＥが、Ｄの死亡によりＦが、それぞれ相続人となったときは、Ｂ、Ｅ及びＦは、**直接自らを登記名義人**とする所有権の保存の登記を申請することができる。　➡ 2 **2**ⓐⓑ　cf. ⓑ❸　〇

11 □□□　所有権の登記のない土地について、表題部所有者Ａが死亡してＢ及びＣがＡを相続した後、Ｂが死亡してＤ及びＥがＢを相続した場合には、Ｃ、Ｄ及びＥは、**直接自らを登記名義人**とする所有権の保存の登記を申請することができる。　➡ 2 **2**ⓐ　cf. 数次相続による所有権移転登記と比較　〇

12 □□□　建物の登記記録の表題部に記録された所有者Ａを被告として、(①**建物の明渡し**を命ずる確定判決、②**所有権移転**の登記手続を命ずる確定判決) を得たＢは、Ｂ名義の所有権の保存の登記を申請することができる。　➡ 3 ②③　②

13 □□□　表題部の共有者Ａ及びＢから甲建物を買い受けたＣは、Ａが死亡してＤが単独でＡを相続した場合、**Ｂ及びＤに対する**所有権確認の判決に基づき、自己名義の所有権の保存登記を申請することができる。　➡ 3 ▶7　〇

単に建物の明渡しを命ずる判決では、原告が地上権者等の用益権者であることも考えられるため、**所有権を有することが確定判決によって確認された**とはいえないことに注意しましょう。

2 74条1項1号後段による所有権保存登記 _{ランク}A

1 重要先例等 （登研223）

	事 例	可否
①	相続人の一人が、自己の持分についてのみ所有権保存登記を申請すること	不可
②	合併による存続会社・承継会社が直接所有権保存登記を申請すること	可
③	包括受遺者が包括受遺者名義で直接所有権保存登記を申請すること	不可

2 申請することのできる保存登記のパターン

ⓐ 数次の相続が生じた場合

　表題部所有者から数次相続があった場合、最終の相続人は、直接自己名義に所有権保存登記を申請することができる（中間相続が共同相続である場合でも同様）。

事例　表題部所有者Aが死亡し、BCが相続したが、その後、BをDが、CをEが相続した場合、直接、DE共有名義とする所有権保存登記を申請することができる。

ⓑ たすきがけ保存

事例　A及びBが表題部所有者である場合

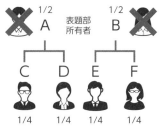

【保存登記可能パターン】

①	亡A	亡B
②	CD	EF
③	CD	亡B
④	亡A	EF

3 74条1項2号による所有権保存登記 _{ランク}B

	確定判決の内容 ▶6、7	可 否
①	所有権を認める確認判決	可
②	所有権移転登記手続を命ずる確定判決	可
③	建物の明渡しを命ずる確定判決 💬	不可

▶6　この確定判決は、給付判決・確認判決・形成判決のいずれでもよく、判決の主文でなく判決理由中で所有権が確認されているものでもよい（登研170）。

▶7　判決は、表題部に所有者として記録されている者（又はその相続人等）全員を被告とするものでなければならない（平10. 3.20民三552通）。

14 □□□　敷地権付き区分建物の表題部に記録されている者から**直接所有権を譲り受けた者**は、自己名義の所有権の保存の登記を申請することができる。 ➡ 4 **1**① ○

15 □□□　表題部の共有者Ａ及びＢから直接**敷地権付きの区分建物**を買い受けたＣが、同建物をＤに**贈与**した場合、Ｄは、**自己名義**の所有権の保存の登記を申請することができる。 ➡ 4 **1**② ×

16 □□□　区分建物の表題部に記録された所有者Ａから所有権を取得した**Ｂの相続人Ｃ**は、**直接自己名義**で所有権の保存の登記を申請することができる。 ➡ 4 **1**③ ×

17 □□□　区分建物の表題部所有者Ａが死亡した後、その**相続人であるＢから当該区分建物を買い受けたＣ**は、自己を登記名義人とする所有権の保存の登記を申請することはできない。 ➡ 4 **1**④ ○

18 □□□　**敷地権付き区分建物の表題部所有者から所有権を取得した者**が、所有権の保存の登記を申請する場合において、**敷地権が賃借権**であるときは、賃借権について「譲渡することができる。」との特約の登記がされていなくても、**賃貸人の承諾を証する情報**又は承諾に代わる許可があったことを証する情報を提供することを要しない。 ➡ 4 **2** ▶ 10 ×

19 □□□　所有権の保存の登記のない不動産について、差押えの登記と共に**登記官が所有権の保存の登記を職権でした**後、錯誤を原因として差押えの登記が抹消された場合、当該所有権の保存の登記は、**登記官の職権**により抹消される。 ➡ 5 **2** 「錯誤により抹消された場合」 ×

20 □□□　所有権の登記のない建物について所有権の移転の**仮登記を命ずる処分**がされた場合には、所有権の保存の登記を申請することなく、当該処分に基づく所有権の移転の仮登記を申請することができる。 ➡ 5 **2** 「仮登記を命ずる処分があった場合」 ×

登記義務者が共同申請に協力しない場合は、登記権利者は判決による登記をすることになりますが、確定判決を得るまでの間に対抗関係となる第三者が現れる可能性があります。これに備えて、仮登記をすることが考えられますが、このような場合には仮登記義務者の協力は得られないことが通常であり、裁判所による**仮登記を命ずる処分**を得て仮登記を申請する方法が認められています（108）。仮登記を命ずる処分に基づく仮登記は、職権ではなく、**仮登記権利者からの申請**によるため、この場合、仮登記権利者が仮登記の申請の前提として、表題部所有者に代位することで、所有権保存登記を申請します。

4 74条2項による所有権保存登記 ランク A

1 所有権保存登記の申請の可否

	申請人（登記名義人）	可 否
①	表題部所有者からの**直接の転得者** [▶8]	可
②	転得者から更に所有権を取得した再転得者	不 可
③	転得者の相続人	不 可
④	表題部所有者の相続人からの所有権取得者	不 可

▶8　表題部の所有者がA名義で登記されている敷地権付き区分建物について、**所有権の一部を取得したBがいる場合であっても、直接にAB共有名義の所有権保存登記の申請をすることはできない**（登研445）。

2 添付情報　　　　　　　　　　　　　○：必要　×：不要

添付情報	敷地権あり	敷地権なし
登記原因証明情報 [▶9]	○	×
登記識別情報	×	×
所有権取得証明情報	×	○
敷地権登記名義人承諾証明情報 [▶10]	○	×

▶9　敷地権付き区分建物における74条2項による所有権保存登記は、**登記原因及びその日付**が登記事項となる（76 I但、令3⑥参照）。
▶10　敷地権が賃借権である場合には、特約の登記がされていない限り土地の**賃貸人が賃借権の譲渡を承諾したことを証する情報**の提供を要する（令別表40添ロ）。

5 職権による登記 ランク B

1 意 義

　所有権の登記のない不動産について、**処分制限**（ex. 差押え、仮処分）の登記が嘱託されたときは、所有権保存登記が**登記官による職権でされる**（76 II、III）。

2 重要先例等

仮登記を命ずる処分があった場合	所有権の登記のない不動産について、**仮登記を命ずる処分に基づく仮登記**が申請された場合であっても、**職権で所有権保存登記をすることはできない**（昭35. 9. 7民甲2221回）
錯誤により抹消された場合	所有権の処分制限の登記が錯誤により抹消されても、所有権保存登記を**職権により抹消することはできない**（昭38. 4.10民甲966通）

01 □□□　相続を登記原因とする所有権の移転の登記を申請　→1 **1** ▶2　○
する場合、被相続人の登記識別情報を提供することを要
しない。

02 □□□　甲土地の所有者Ａが死亡し、子Ｂ及びＣが相続し　→1 **1** ▶1　○
た場合、Ｂは、相続を登記原因として、**自己の持分につ
いてのみ**所有権一部移転の登記を申請することはできな
い。

03 □□□　登記原因証明情報の一部として、**相続欠格者が自
ら作成した**相続欠格者に該当することを証する情報を提　→1 **2** 1段目　○
供して、相続を登記原因とする所有権の移転の登記を申
請することができる。

04 □□□　甲土地の所有権の登記名義人であるＡには、配偶　→1 **2** 2段目　○
者Ｂ及び子Ｃがいる。Ａが遺言でＣについて推定相続人
の廃除の意思表示をしたときは、Ｂは、**Ｃが推定相続人
から廃除された旨の記載のある戸籍の全部事項証明書を
提供して**、甲土地をＢの所有とする相続による所有権の
移転の登記を申請することができる。

05 □□□　被相続人名義の不動産について、相続人ＡＢ間で、　→2　○
これをＢの寄与分として同人に取得させる協議が成立し　「共同相続登記なし」
た場合、Ｂは、ＡＢ名義の相続登記を経由しないで、**直
接自己名義の相続登記**を申請することができる。

06 □□□　相続登記がされた後、**寄与分が定められた**ことに　→2　○
より、共同相続人の相続分が登記された相続分と異なる　「共同相続登記あり」
こととなった場合、相続分が増加する相続人を登記権利
者とし、相続分が減少する相続人を登記義務者として、
当該相続登記の**更正の登記**を申請することができる。

推定相続人の廃除を受けた者がいる場合に、登記原因証明情報が戸籍謄本等で
足りるとされるのは、**廃除を受けた推定相続人の戸籍には廃除を受けたことが
記載される**ところ（戸籍97・63Ⅰ）、そこから廃除があったことを確認できる
からです。

1 相続を登記原因とする所有権移転登記

ランク **A**

1 申請書のポイント ▶1

> 登記の目的　　所有権移転
> 原　　　因　　○年○月○日相続
> 相　続　人　　（被相続人　A）▶1
> 　　　　　　　B
> 添 付 情 報 ▶2　登記原因証明情報 ▶3
> 　　　　　　　住所証明情報　〔Bの〕
> 　　　　　　　代理権限証明情報

▶1　共同相続人の一人が**自己の相続分のみ**について相続登記をすることはできないが（昭30.10.15民甲2216回）、相続人の一人は、**保存行為として**、すべての相続人の名義とする共同相続登記を申請することができる（登研132）。

▶2　共同申請の構造をとらないため、登記識別情報及び印鑑証明書の提供は不要である。

▶3　登記原因証明情報として、相続を証する公文書（市町村その他の公務員が職務上作成した情報）を提供する（61、令別表22添）。具体的には被相続人の死亡と相続関係を証する戸籍謄本等（又は法定相続情報一覧図の写し）を提供する。

2 相続人とならない者がいる場合の登記原因証明情報

場　　面	内　　容
相続欠格者がいる場合	①　戸籍謄本等 ②　確定判決の謄本（確定証明書付）又は相続欠格者が作成した証明書
推定相続人の廃除を受けた者がいる場合	戸籍謄本等
相続放棄をした者がいる場合	①　戸籍謄本等 ②　相続放棄申述受理証明書　又は相続放棄申述受理通知書

2 寄与分が定められた場合

ランク **B**

	共同相続登記なし	共同相続登記あり
申請すべき登記	「相続」を原因とする共同相続登記	「錯誤」を原因とする当該相続登記の更正登記 ▶4、5

▶4　この場合は、寄与分権利者と他の相続人との共同申請による。

▶5　共同相続登記がされた後に、共同相続人のうちの一人が特定の不動産を寄与分として取得する旨の協議（ex.甲土地を寄与分としてCに取得させる）が成立した場合には、遺産分割を登記原因とする持分移転登記を申請することができる（昭55.12.20民三7145通）。

所有権移転登記（包括承継） ②

07 □□□ A、B両名のために共同相続が開始したが、Aは特別受益者であったところ、その後Aが死亡し、C及びDが相続した場合、Bは、**C又はDの一方のみ**が作成したAに相続分がないことを証する情報を提供して、直接自己名義の相続登記を申請することができる。

➡ 3①
CD双方で作成する
必要がある
×

08 □□□ **未成年者が自ら作成**した相続分のないことを証する情報は、登記原因証明情報の一部となりえない。

➡ 3②
×

09 □□□ 甲土地の所有者Aが死亡してB、C及びDがAを相続したが、その**共同相続の登記が未了**である場合において、B、C及びDがその相続分を**第三者E**に譲渡した場合には、Eは、E一人を相続人とする相続登記を申請することができる。

➡ 4
「共同相続登記なし」
「第三者」
×

10 □□□ 甲土地の所有者Aが死亡してB、C及びDがAを相続したが、その**共同相続の登記が未了**である場合において、B及びCがその相続分をDに譲渡したときは、Dは、D一人を相続人とする相続登記を申請することができる。

➡ 4
「共同相続登記なし」
「相続人」
○

3 特別受益者がいる場合 ランク B

【重要先例等】

① 相続登記未了のうちに特別受益者が死亡した場合には、特別受益証明情報は、その相続人**全員で作成する**（登研 473）。

② 特別受益者が未成年者であっても、印鑑証明書の提供が可能な場合は、**単独で有効に作成できる**（昭 40. 9. 21 民甲 2821 回）。

③ 特別受益証明情報の作成は、民法 826 条の**利益相反行為に該当しないので**、親権者のみで作成することもできる（昭 23.12.18 民甲 95 回）。💬

4 相続分の譲渡がある場合 ランク B

（昭 59.10.15 民三 5195 回、平 4. 3.18 民三 1404 回）

		相 続 分 の 譲 受 人	
		相 続 人	第 三 者
共同相続登記	なし	相続を原因とする共同相続登記 ▶6	① 相続を原因とする共同相続登記 ② 相続分の贈与又は相続分の売買を原因とする**譲渡人から譲受人への持分移転登記**
	あり	相続分の贈与又は相続分の売買を原因とする譲渡人から譲受人への持分移転登記	

▶6 **譲渡後の持分**で申請ができる。

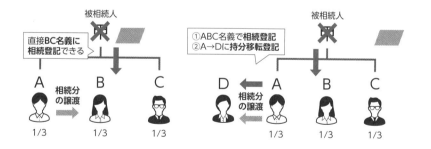

利益相反行為の「行為」は、法律行為を指します。**特別受益証明情報の作成は過去の事実を証明する事実行為**にすぎないため、民法 826 条による制限は受けません。

11 □□□　甲不動産の所有者Ａが死亡し、Ｂ及びＣが相続人である場合において、ＢＣ間で甲不動産をＢが単独で相続する旨の遺産分割協議が成立したときは、**前提として、法定相続分によるＢＣ共有名義の相続登記を申請しなければ**、Ｂ単独所有名義とする登記を申請することはできない。

➡️ 5 **1**「共同相続登記なし」　✕

12 □□□　甲土地の所有者Ａが死亡し、Ａの相続人が子Ｂ及びＣである場合において、Ｂ及びＣへの法定相続分による相続登記がされた後、ＢＣ間で、Ｂ持分３分の２、Ｃ持分３分の１とする遺産分割協議が成立したときは、ＣからＢへの**遺産分割を原因とする持分一部移転の登記**を申請することができる。

➡️ 5 **1**「共同相続登記あり」　◯

13 □□□　登記原因証明情報として被相続人の死亡年月日の記載のある**家庭裁判所の遺産分割調停調書の正本を提供**して、相続登記を申請する場合、被相続人の戸籍謄本等を提供することを要しない。

➡️ 5 **2**ⓐ ▶9　◯

14 □□□　相続人全員によって作成された遺産分割協議書を提供して相続登記を申請する場合には、その協議書に**相続人全員**の印鑑証明書を添付することを要する。

➡️ 5 **2**ⓑ
申請人以外の相続人の印鑑証明書でよい　✕

15 □□□　相続人がＡ、Ｂ及びＣである場合において、相続財産に属する不動産をＡの単独所有とする**公正証書**により作成された遺産分割協議書を提供して、相続登記をＡが申請するときは、Ｂ及びＣの印鑑証明書を添付しなければならない。

➡️ 5 **2**ⓑ ▶10　✕

16 □□□　遺産分割協議**後に認知**された子があった場合において、当該遺産分割協議に基づく所有権の移転の登記を申請するときは、認知された子の同意を証する情報を提供しなければならない。

➡️ 5 **3**①　✕

17 □□□　不在者の財産管理人は、**家庭裁判所の許可**を得て、遺産分割協議に参加することができ、その協議に基づいて作成された遺産分割協議書を提供して相続登記を申請することができる。

➡️ 5 **3**②　◯

18 □□□　親権者とその親権に服する**数人の子**が相続人である場合において、遺産分割協議をする際に、その子ら全員のために**特別代理人１人**が選任されたときは、その遺産分割協議書を提供して相続登記を申請することができる。

➡️ 5 **3**③
子１人ごとに選任必要　✕

5 遺産分割がある場合

1 登記手続

		登記手続
共同相続登記 （法定相続分）	なし	直接、相続を登記原因とする移転登記
	あり	遺産分割を登記原因とする**更正登記** ▶7

▶7 【遺産分割による更正登記】

```
登記の目的    ○番所有権更正
原    因    ○年○月○日遺産分割
更正後の事項   所有者  C
権 利 者    （申請人）▶8  C
義 務 者    B
```

▶8 この更正登記は、登記権利者（遺産分割によって持分を取得した相続人）が**単独で**申請することができる（令5. 3.28民二538通）。

2 遺産分割があった場合にする相続登記の登記原因証明情報

ⓐ 遺産分割協議書

遺産分割があった場合にする相続登記においては、登記原因証明情報として戸籍謄本等のほか遺産分割協議書を提供する。▶9

▶9 **家庭裁判所の審判又は調停**による遺産分割の場合は戸籍謄本等の提供が不要（昭37. 5.31民甲1489回、登研202）。

ⓑ 遺産分割協議書に添付する印鑑証明書

遺産分割協議書については、相続登記の申請人**以外**の相続人の印鑑証明書を添付しなければならない（昭30. 4.23民甲742通）。▶10

▶10 **公正証書**によって遺産分割協議書が作成されている場合は印鑑証明書の提供が不要（登研146）。

3 重要先例等

① 遺産分割協議後に認知の効力が生じても、**被認知者を除外してされた遺産分割協議に基づく登記を申請することができる**（昭43. 7.11民甲2346回）。

② 共同相続人の一人の行方が知れない場合、**不在者の財産管理人**は、家庭裁判所の許可を得て、遺産分割協議に参加することができる（昭39. 8. 7民三597回）。

③ 親権者とその親権に服する数人の子とが遺産分割の協議をする場合は、利益相反行為となるので、親権に服する**子1人ごとに異なる特別代理人**を選任しなければならない（昭30. 6.18民甲1264通）。

19 □□□　甲土地の所有者Ａが死亡してＢ及びＣがその共同
相続人である場合において、Ｂが甲土地の持分を放棄し
たときは、Ｂ及びＣの**相続登記を経由する**ことなく、Ａ
からＣへの所有権の移転の登記を申請することができる。

➡ 6 ②
共同相続の登記が必
要

✕

20 □□□　甲不動産の所有者Ａが死亡し、Ａに配偶者Ｂ及び
嫡出子Ｃ、Ｄ及びＥがある場合において、Ｅが相続を放
棄したため、その不動産につきＥを除外して相続登記が
された後、Ｅが**相続放棄を取り消した**ときは、Ｅを相続
人として追加する更正の登記を申請することができる。

➡ 6 ③

◯

21 □□□　胎児のほかにも共同相続人がいる場合において、
胎児の母が法定代理人となって**遺産分割協議**をしたとき
は、当該協議に基づいた相続を登記原因とする所有権の
移転の登記を申請することができる。

➡ 7 **1** *

✕

22 □□□　相続を登記原因とし、胎児を登記名義人とする所
有権の移転の登記をした場合において、その**胎児が生き
て生まれた**ときは、出生を登記原因としてその**氏名及び
住所の変更の登記**の申請をすることができる。

➡ 7 **2** 「出産」

◯

23 □□□　相続人不存在により相続財産が法人とされる場合
には、その相続財産に属する不動産について、相続財産
清算人は、被相続人からその法人への相続を原因とする
所有権の移転の登記を申請すべきである。

➡ 8 **1ⓐ**
登記名義人氏名変更
の登記を申請すべき

✕

24 □□□　Ａの持分につき、Ａの相続財産法人名義とする所
有権の登記名義人の氏名の変更の登記を申請する場合に
おいて、Ａの相続財産清算人の選任の審判書の記載によっ
て、当該相続財産清算人の選任が**相続人不存在**によるも
のであること及び**Ａの死亡年月日が明らか**であるときは、
その添付情報として、Ａの相続を証する戸籍謄本を提供
することは要しない。

➡ 8 **1ⓑ**

◯

6 相続放棄がある場合 ランク B

①	相続人をＡＢとする法定相続分による共同相続登記がされた後に、Ａが相続放棄をした場合 → 「年月日相続放棄」を登録原因とする「更正登記」を申請する（Ｂの単独申請可）
②	**①との比較事例** 相続人をＡＢとする共同相続登記がされた後に、Ａが持分放棄をした場合 → 持分放棄を登記原因とするＡ持分全部移転登記を申請する
③	相続放棄をした者が相続放棄を取り消した場合 → 「年月日相続放棄取消」を登記原因とする更正登記を申請する

7 胎児に関する登記 ランク B

1 胎児名義の相続登記の可否

　胎児が相続又は遺贈によって不動産の権利を取得した場合、**胎児名義で権利取得の登記**（ex. 所有権移転登記）をすることができる（昭 29. 6.15 民甲 1188 回）。

＊　胎児の母が胎児の登記名義を「○（母の氏名）胎児」として申請するが、胎児の母が胎児のために**遺産分割をすることはできない**（昭 29. 6.15 民甲 1188 回）。

2 胎児を含む共同相続登記をした後の処理

出産	「年月日出生」を登記原因とする**登記名義人の氏名・住所の変更登記**を申請する
死産	胎児を相続人から除く所有権更正登記を申請する

8 相続人不存在の場合 ランク A

1 相続人があることが明らかでない場合

ⓐ 登記手続

　相続財産清算人が、所有権登記名義人を相続財産法人名義とする**所有権登記名義人の氏名変更登記**を申請する（昭 10. 1.14 民甲 39 通）。

ⓑ 添付情報（登記原因証明情報）

　登記原因証明情報として、相続人の不存在の場合であること及び死亡年月日を証する戸籍謄本等を提供する。

＊　選任審判書の内容から、**相続人不存在の場合の選任であることと死亡年月日が明らか**な場合、選任審判書を提供すれば足りる（昭 39. 2.28 民甲 422 通）。

2 特別縁故者がいる場合

　特別縁故者への相続財産の分与の審判（民 958 の 2）があった場合には、相続財産法人から特別縁故者への所有権移転登記を申請する。

25 □□□　甲不動産の所有者Ａが死亡し、配偶者Ｂと嫡出子 Ｃが相続人である場合において、ＢＣ共に相続を放棄し て相続人が存在しなくなったため家庭裁判所が特別縁故 者であるＤに対して、甲不動産を分与する審判をしたと きは、Ｄは、**単独で**、自己への所有権の移転の登記を申 請することができる。 → 8 **3**「申請方式」　○

26 □□□　共有者の一人が相続人なくして死亡した場合にお いて、相続人の不存在が確定し、かつ、特別縁故者への 相続財産の分与処分のないことが確定したときに申請す る他の共有者への持分の移転の登記は、相続財産清算人 と共有持分を取得した者とが**共同して**申請しなければな らない。 → 8 **3**「申請方式」　○

27 □□□　共有者の一人が相続人なくして死亡した場合にお いて、相続人の不存在が確定し、かつ、特別縁故者への 相続財産の分与処分のないことが確定したときに申請す る他の共有者への持分の移転の登記の原因は、「**相続人及 び特別縁故者不存在確定**」である。 → 8 **3**「登記原因」　×

28 □□□　会社の新設分割による承継を登記原因とする所有 権の移転の登記の申請をする場合には、登記原因証明情 報として、**分割計画書**及び会社分割の記載のある新設分 割設立会社の登記事項証明書を提供しなければならない。 → 9 「登記原因証明 情報」　○

29 □□□　不動産の所有権の登記名義人であるＡが死亡して、 Ｂ及びＣが共同相続し、次いでＢが死亡しＤがＢを相続 した場合、Ｃは、単独で、**直接Ｃ及びＤへの相続登記**を 申請することができる。 → 10「原則」　×

30 □□□　不動産を単独で相続した者が、その登記をしない うちに死亡したときは、その者の相続人は、**直接自己の** ために相続を原因とする所有権移転の登記の申請をする ことができる。 → 10「例外」　○

31 □□□　Ａが死亡し、Ａの共同相続人Ｂ及びＣのうち**Ｂが 相続放棄**をし、次いでその相続の登記前にＣが死亡して Ｄ及びＥがＣの共同相続人となった場合、Ｄ及びＥは、 相続を登記原因として、**直接、ＡからＤ及びＥ共有名義** とする所有権の移転の登記を申請することができる。 → 10「例外」 結果的に中間相続が 単独相続　○

❸ 特別縁故者の不存在が確定した場合

共有者の一人が相続人なくして死亡し、特別縁故者の不存在が確定した場合には、相続財産法人から他の共有者への持分移転登記を申請する（民255参照、最判平元.11.24）。

【相続人が不存在の場合にする登記の比較】

登記	相続財産法人名義への 登記名義人氏名変更の登記	特別縁故者への 所有権移転登記	特別縁故者不存在確定 による持分移転登記
登記原因	年月日相続人不存在	年月日民法958条の 2の審判	年月日特別縁故者不 存在確定
申請方式	単独申請	単独申請 ▶11	共同申請

▶11　原則どおり、特別縁故者と相続財産清算人の共同申請でもよい。

9 合併・会社分割がある場合

【合併・会社分割による所有権移転登記の比較】

	合　併	会社分割
申　請　構　造	単独申請	共同申請
登記識別情報	不　要	必　要
登記原因証明情報	①登記事項証明書	①分割契約（計画）書 ②登記事項証明書
税　　　率	不動産の価額×4/1000	不動産の価額×20/1000

10 数次相続の場合

原　則	第一の相続登記を申請した後に、第二の相続登記の申請を順次行う
例　外	最終の相続以外の相続が結果として**単独相続**となる場合 →　**登記原因に数次の相続を併記**すれば、直接現在の相続人名義とする移転登記が認められる（明33.3.7民刑260回、昭30.12.16民甲2670通）

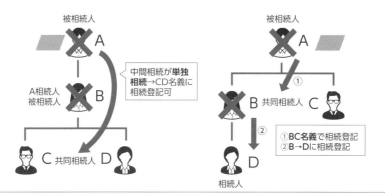

32 □□□　相続人の全員ＡＢＣＤに対し、「遺言者は、**全財産**を次の割合で**遺贈**する。Ａ２分の１、Ｂ６分の１、Ｃ６分の１、Ｄ６分の１」との遺言に基づき所有権の移転の登記を申請する場合は、その登記原因は、**相続**である。　→ 11 **1**「論点」①　○

33 □□□　Ａには子Ｂ及びＣが、Ｃには子Ｄがいる。Ａが公正証書による遺言をして死亡し、その遺言の内容が「**全財産をＤに相続させる。**」であった場合には、**Ｃが生存している**ときであっても、Ｄは、Ａの唯一の財産である不動産につき、相続を登記原因とする所有権の移転の登記を申請することができる。　→ 11 **1**「論点」②　×

34 □□□　遺言者が、「甲土地を相続人中の一人であるＡに相続させる。」との遺言をして死亡したが、既に、**Ａが遺言者より先に死亡している**場合に、Ａの子がＢのみであるときは、甲土地につきＢのみへの相続を登記原因とする所有権の移転の登記の申請をすることができる。　→ 11 **2**②　×

35 □□□　遺言者が**甲不動産**を相続人Ａ及びＢにそれぞれ２分の１ずつ**相続させる旨の遺言**をし、かつ、遺言執行者を指定した場合、**遺言執行者**は、Ａ及びＢを代理して、Ａ及びＢの共有名義にするための相続を登記原因とする所有権の移転の登記の申請をすることができる。　→ 11 **2**③　○

36 □□□　自筆証書による遺言において指定された**遺言執行者**が、当該遺言に基づいて登記の申請をするときは、家庭裁判所が作成した**遺言書の検認調書の謄本を遺言執行者の権限を証する情報**として提供することができる。　→ 11 **2**④　○

11 遺言の解釈

1 登記原因まとめ

原則	遺言書の文言どおりに解釈する
論点	①　相続人全員に対する相続財産全部の包括遺贈 　→「相続」∵　相続分の指定と同視できる ②　相続人以外の者に対して、相続させる旨の遺言 　→「遺贈」∵　相続人でないのに「相続」はおかしいから

2 重要先例等

① 受遺者は遺贈者の死亡時において生存していなければならず、**遺言者の死亡以前に受遺者が死亡**したときは、遺贈はその効力を生じないため（民994 I）、遺贈することになっていた財産は、相続財産として相続人に帰属する。

② 遺言者Aが「甲土地を相続人の中の一人であるBに相続させる」旨の遺言をして死亡したが、**遺言者が死亡するより前にBが死亡**している場合、Bに代襲相続人であるCがいても、Cだけに対しての所有権移転登記を申請することはできない（最判平23. 2.22、登研734）。

③ 不動産を目的とする**特定財産承継遺言**がされた場合に、遺言執行者は単独で、相続による権利の移転の登記を申請することができる（令元. 6.27民二68通）。

④ 自筆証書遺言によって指定された遺言執行者が、当該遺言に基づいて登記の申請をするときは、家庭裁判所が作成した**遺言書の検認調書**の謄本を当該遺言執行者の資格を証する情報として提供することができる（平7. 6. 1民三3102回）。

「相続させる」旨の遺言は、**受益者その人に着目してされるもの**であり、代襲相続を認める趣旨の遺言ではないと解されるところ、民法994条1項が類推適用され、その遺言は効力を失います。登記原因が**相続**となるからといって、実体上の扱いも相続と全く同じとは限らないことに注意しましょう。

37 □□□　甲土地の所有権の登記名義人であるＡが死亡し、
　　　　　Ａの相続人が子Ｂ及びＣである場合において、ＡがＢに
　　　　　対して甲土地を遺贈する旨の遺言を残していたときは、
　　　　　Ｂは単独で遺贈を登記原因とする所有権の移転の登記を
　　　　　申請することはできない。

→ 12 ❶「申請人」
「相続人」
×

38 □□□　甲土地を相続人でない第三者に遺贈する旨の遺言
　　　　　がされている場合において、遺言執行者がいないときは、
　　　　　甲土地の所有権の移転の登記は、共同相続人のうちの一
　　　　　人と受遺者が共同して申請することができる。

→ 12 ❶「申請人」
「相続人以外」「遺言
執行者なし」
×

39 □□□　家庭裁判所が選任した遺言執行者が、受遺者と共
　　　　　に遺贈を原因とする所有権の移転の登記を申請する場合
　　　　　には、代理権限証明情報として遺言者の死亡を証する情
　　　　　報の提供を要しない。

→ 12 ❷ ❸ ▶ 12
○

40 □□□　遺贈を原因とする不動産の所有権の移転の登記の
　　　　　登録免許税の額は、受遺者が法定相続人であり、当該受
　　　　　遺者が相続人であることを証する情報を提供した場合は、
　　　　　不動産の価額に 1000 分の 4 を乗じた額である。

→ 12 ❷ ❻「相続人
に対する遺贈」
○

12 遺贈による登記

ランク **A**

1 申請人

受遺者		申請人
相続人		遺贈による所有権移転の登記は、登記権利者が**単独申請**することができる (63Ⅲ)
相続人以外	**遺言執行者あり**	受遺者を登記権利者、**遺言執行者**を登記義務者として共同申請する ＊　相続人は申請することができない
	遺言執行者なし	受遺者を登記権利者、**遺言者の相続人全員**を登記義務者として共同申請する

2 添付情報と登録免許税

ⓐ 遺言執行者の選任がある場合に提供する代理権限証明情報　※委任状を除く

遺言で指定した場合	①遺言書　②戸籍謄本等
遺言で遺言執行者の指定を第三者に委託した場合	①遺言書　②戸籍謄本等　③指定を証する情報
家庭裁判所が選任した場合 ▶12	①遺言書　②家庭裁判所の選任審判書

▶12　家庭裁判所の審判の過程で遺言者の死亡の事実は確認済みであるため、戸籍謄本等の提供は不要である。

ⓑ 登録免許税の税率

相続人でない者に対する遺贈	不動産の価額 × 20/1000
相続人に対する遺贈	不動産の価額 × 4/1000▶13

▶13　この場合、相続人であることを証する情報の提供が必要である (平15. 4. 1民二1022通)。

遺贈による**所有権以外の権利**の移転登記は、受遺者を相続人とするものであっても、共同申請によることに注意しましょう (60)。

41 □□□　甲土地の所有者Ａが死亡し、Ａの相続人が子Ｂで　→ 12 **3** **ⓐ**　　✕
ある場合において、ＡがＣに対して甲土地の持分２分の
１を遺贈する旨の公正証書遺言を残していた場合、**Ｃへ
の遺贈の登記が完了していなくても**、Ｂは、相続を登記
原因とする所有権の一部移転の登記を申請することがで
きる。

42 □□□　「遺言執行者は、遺言者名義の不動産を売却し、そ　→ 12 **3** **ⓑ**　　✕
の代金から負債を返済し、その残額を受遺者に遺贈する」
旨の記載のある遺言書に基づき、**遺言執行者が当該不動
産を売却**した。この場合には、当該不動産の買主は、当
該遺言執行者と共同して、自己を登記権利者、**遺言者を
登記義務者**として、所有権の移転の登記を申請すること
ができる。

43 □□□　遺言者Ａがその所有する**不動産をＢに遺贈する旨**　→ 12 **3** **ⓒ**　　✕
の遺言をした後、当該不動産について、**ＡからＣに対す
る売買を登記原因とする所有権の移転の登記**がされ、さ
らに、当該所有権の移転の登記が**錯誤を登記原因として
抹消**され、その後にＡが死亡した場合には、Ｂは、当該
遺言による**遺贈を登記原因とする所有権の移転の登記**を
申請することができない。

3 重要先例等

ⓐ 遺贈と相続登記の先後

被相続人Ａ名義の不動産について、「全財産の2分の1は相続人Ｂに相続させ、残りの2分の1はＣに遺贈する」旨の遺言がされた場合、遺贈による登記を先に、相続による登記を後に申請しなければならない（登研523）。

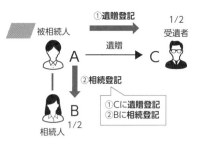

ⓑ 相続登記の要否（清算型遺贈）

「遺言執行者は不動産を売却してその代金中より負債を支払い、残額を受遺者に遺贈する」旨が記載された遺言書（清算型遺贈）に基づき、遺言執行者が不動産を売却して買主名義に所有権移転登記をする場合は、その前提として相続による所有権移転登記を申請しなければならない（昭45.10.5民甲4160回）。

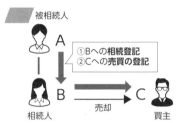

ⓒ 遺言と抵触する行為があった場合

遺言が遺言後の生前処分その他の法律行為と抵触するときは、その抵触する部分については、遺言を撤回したものとみなされる（民1023Ⅱ）。ただし、遺言後の遺言者の処分行為による所有権移転登記が錯誤を登記原因として抹消されている場合、その遺言に基づく遺贈を登記原因とする所有権移転登記の申請は受理される（平4.11.25民三6568回）。

事 例 Ａが「甲土地をＢに遺贈する」旨の遺言をして死亡した場合において、甲土地の登記記録が次のようになっているときは、ＡからＢへの遺贈を登記原因とする所有権移転登記を申請することができる。

【甲土地の登記記録】

甲区	1	所有権保存	所有者　Ａ
	2	所有権移転	原因　年月日売買 所有者　Ｃ
	3	2番所有権抹消	原因　錯誤

この後、Ｂへの遺贈による所有権移転登記を申請できる

抵触する生前行為が**錯誤**を登記原因として抹消されていることを考慮すると、**遺言者の意思は遺贈を復活させること**にあり、このように解するほうが遺言者の最終意思の実現という民法1023条2項の趣旨にも合致するのです。

01 □□□ Aが自己所有名義の不動産をBに売り渡した後、Bへの所有権の移転の登記をしないまま死亡した場合に、Aに相続人が数人いるときは、Bは、その**相続人のうちの一人**と共同して所有権の移転の登記を申請することができる。　→1 **1** **ⓐ**「申請人」　×

02 □□□ Aを所有権の登記名義人とする不動産につき、Aを売主、Bを買主とする売買契約の締結後、その旨の登記を申請する前にAが死亡し、Aの相続人がX及びYであった場合において、Xが民法第903条第2項によりその相続分を受けることのできない**特別受益者**であるときは、**B及びYのみ**で、共同して所有権の移転の登記を申請することができる。　→1 **1** **ⓐ**「申請人」　×

03 □□□ 甲土地の所有者Aが死亡し、Aの相続人がBである場合において、甲土地について**Bへの相続**を登記原因とする**所有権の移転の登記が完了**した後、AがCに対して甲土地を売却する契約を締結していたことが判明したときは、Bは、売買を登記原因としてCへの所有権の移転の登記を申請することができる。　→1 **1** **ⓑ**①　○

04 □□□ Aを所有権の登記名義人とする不動産につき、Aを売主、Bを買主とする売買契約の締結後、その旨の登記を申請する前にBが死亡した場合において、Bの共同相続人の一人であるCが**遺産分割協議**に基づいて当該不動産を取得したときは、AとCとは、**AからCへの所有**権の移転の登記を申請することができる。　→1 **1** **ⓑ**②　×

05 □□□ 清算結了の登記がされている**解散した株式会社**の**清算人**は、会社を代表して会社所有の不動産についての所有権の移転の登記を申請することができる。　→1 **2**「清算結了」「申請人」　○

06 □□□ 破産管財人が**破産手続開始の登記がされている**不動産につき売買を原因とする所有権の移転の登記を申請する場合には、（①登記義務者の登記識別情報、②裁判所の許可を証する情報）を提供しなければならない。　→1 **2**「任意売却」「登記識別情報」、「その他」　②

特別受益者は債権等の積極財産を承継しないだけであり、登記申請義務等の債務は通常の相続人として承継するため、相続人のうちに特別受益者がいる場合であっても、特別受益者を含めた全員で登記を申請しなければなりません（登研194）。

1 売買による所有権移転登記

1 一般承継人による登記 (62条)

ⓐ 登記手続

局　面	申請人	登記手続
売買契約締結後に買主が死亡	**登記権利者** 買主の相続人の全員 又はその一部（保存行為）	①被相続人名義の所有権移転登記 ②相続登記
売買契約締結後に売主が死亡	**登記義務者** 売主の相続人全員 （特別受益者を含む）	所有権移転登記

ⓑ 重要先例等

① 不動産の売買契約がされた後に売主が死亡している場合において、誤って売主の相続人に相続登記がされてしまった場合、**売主の相続人から買主名義に直接に所有権移転登記**を申請することができる。

② 不動産の売買契約がされた後に買主が死亡している場合において、買主である被相続人への所有権移転登記をせずに、**直接買主の相続人への所有権移転登記を申請することはできない**（登研308）。

2 清算結了及び（破産法に基づく）任意売却による手続

清算結了	申　請　人	清算結了前に会社の不動産を売却したが、所有権移転登記をしないうちに清算結了の登記がされた場合、**前清算人は当該会社を代表して所有権移転登記を申請することができる**（昭28.3.16民甲383回）
	印鑑証明書	**市区町村長の証明した清算人個人の印鑑証明書で足りる**（昭30.4.14民甲708回）
任意売却	申　請　人	破産管財人（破78Ⅰ）
	印鑑証明書	**登記所、裁判所書記官又は住所地の市区町村長**の作成した印鑑証明書のいずれでもよい（平16.12.16民二3554通）
	登記識別情報	**不　要**（昭34.5.12民甲929通）
	そ　の　他	裁判所の許可を証する情報を提供しなければならない（破78Ⅱ①、令7Ⅰ⑤ハ）

07 □□□　A名義の不動産が、実体上はＡＢの共有である場合において、ＡＢ間で当該不動産をＢが単独で所有する旨の共有物分割の協議が調ったときは、共有物分割を原因とするＢへの所有権の移転の登記を申請することができる。

→ 2 ■
「共有物分割」

×

08 □□□　ＡＢ共有名義の不動産について、ＣがＢからその共有持分を譲り受けた後、Ａが持分を放棄した場合には、ＢからＣへの共有持分の移転の登記を経由しなくても、Ａの持分についての持分放棄を原因とするＣへの移転の登記を申請することができる。

→ 2 ■
「持分放棄」

×

09 □□□　Ａ及びＢの共有名義の不動産について、**持分放棄**を原因とするＢへのＡ持分全部移転の登記を申請する場合において、Ｂの現住所が登記記録上の住所と異なるときは、前提としてＢの住所についての変更の登記を申請しなければならない。

→ 2 ■
「持分放棄」

○

10 □□□　（①共有物分割、②持分放棄）を原因とする持分の移転の登記を申請する場合でも、**登記権利者の住所を証する情報**の提供を要する。

→ 2 ■ ▶ 1

①
②

11 □□□　共有持分を放棄した者とその持分の一部が帰属した他の共有者は、その**帰属持分についてのみ**、移転の登記を申請することはできない。

→ 2 ② ①

×

12 □□□　Ａ、Ｂ及びＣ３名の共有名義の不動産につきＡがその持分を放棄した場合において、その放棄によりＢに帰属した持分について持分の移転の登記がされているときは、Ａから**共有登記名義人でないＤへの**売買を原因とするＡ持分の全部移転の登記は申請することができない。

→ 2 ② ②

×

登記の形式的確定力に反して、登記の申請をすることはできません。登記の形式的確定力とは、わかりやすく言えば、「**登記官がびっくりする登記はできない**」ということです。例えば、共有物分割による持分移転登記を申請する場合、Ａ単有での登記がされているのに、共有物分割によるＢへの所有権移転登記を申請すると、登記官はびっくりしてしまうため、当該登記を申請することはできないとされています。そのほか、■の表の知識はこの考え方からの帰結であることを意識して押さえておきましょう。

2 共有持分の移転の登記

ランク **A**

1 共有物分割と持分放棄 💬

分割	共有物	単独所有名義となっている不動産について、実体上は共有不動産であるとして「共有物分割」を登記原因とする所有権移転登記を申請することはできない（昭53.10.27民三5940回）
持分放棄		登記記録上ＡＢ共有名義の不動産につき、Ａの持分について登記記録上の共有名義人でないＣに直接、「持分放棄」を原因とする持分移転登記を申請することはできない（昭60.12. 2民三5441通）
		登記記録上ＡＢ共有の不動産につき、「持分放棄」を原因として、Ａの持分をＢに移転する場合に、Ｂの現在の住所が登記記録上の住所と異なる場合には、前提としてＢにつき登記名義人の住所についての変更登記を申請する必要がある▶1

▶1 「共有物分割」や「持分放棄」を原因とする移転登記を申請する場合、共有者は既に当該不動産について登記名義を受けているが、原則どおり「**住所証明情報**」を提供する。

2 関連論点（持分放棄と対抗問題）

①　ＡＢＣ共有名義の不動産について、Ａがその持分を放棄し、Ｂが**自己に帰属した持分のみ**について、Ａとの共同申請により、持分移転登記を申請することができる（昭37. 9.29民甲2751回）。

②　①の場合、Ａの残余持分（Ｃに帰属したが未登記の持分）について、Ａから**共有者でないＤへの売買**による持分移転登記を申請することができる（昭44. 5.29民甲1134回）。

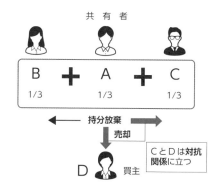

13 □□□　第三者が抵当権の目的である土地の所有権を時効取得した場合には、当該第三者への所有権の移転の登記の申請をする際に、抵当権者の承諾を証する情報を提供すれば、当該抵当権の設定の登記は、**職権で抹消**される。

➡ 3 **1** 「登記手続」
✕

14 □□□　甲不動産について、令和 3 年 5 月 1 日に A の取得時効が完成し、同月 15 日に A がこれを援用した場合には、**「令和 3 年 5 月 1 日時効取得」**を登記原因及びその日付として、甲不動産について所有権の移転の登記を申請することができる。

➡ 3 **1** ▶ 2
時効の起算日が原因日付
✕

15 □□□　A が所有権の登記名義人である甲土地について、B が**占有を開始した時より前**に A が死亡していた場合において、甲土地についての B の取得時効が完成したとして B を登記権利者とする取得時効による所有権の移転の登記を申請するときは、その前提として A の相続人への所有権の移転の登記を申請しなければならない。

➡ 3 **2**
○

16 □□□　権利能力のない社団の構成員全員に総有的に帰属する甲建物について、当該社団の代表者である A が個人名義で当該建物の所有権の登記名義人となっていたが、A に加えて、新たに B 及び C が**当該社団の代表者**に就任した場合は、**委任の終了**を登記原因として所有権の一部移転の登記を申請することができる。

➡ 4 **1** ➏①
○

17 □□□　権利能力のない社団の構成員全員に総有的に帰属する甲土地について、当該社団の代表者である A が個人名義でその所有権の登記名義人となっていた場合において、A が死亡した後に当該社団の新たな代表者として B が就任し、B を登記権利者とする**委任の終了**による所有権の移転の登記を申請するときは、その**前提として A の相続人への所有権の移転の登記**を申請しなければならない。

➡ 4 **1** ➏②
✕

3 時効取得による所有権移転登記 ランク B

1 登記手続

局　面	登記原因	登記手続
所有権を時効取得	「年月日時効取得」 ▶2	所有権移転登記
当該不動産に設定されている制限物権の処理	「年月日所有権の時効取得」	共同申請による抹消登記（職権抹消されない点に注意）

▶2　登記原因日付は、時効の起算日（占有開始日）である。

2 重要先例等

　時効の起算日（占有開始時）より前に登記名義人に相続が開始していたときは、時効が完成した場合であっても（相続→占有開始→時効取得）、時効による所有権移転登記を申請する前に、登記名義人の相続人への相続による所有権移転登記を申請しなければならない（登研455）。

4 その他の特定承継による所有権移転登記 ランク B

1 委任の終了による所有権移転登記

ⓐ 総　説

　権利能力なき社団の所有する不動産が代表者の個人名義でされている場合において、代表者が変更された場合、委任の終了を登記原因とする所有権移転登記を申請する（昭41. 4.18民甲1126回）。

ⓑ 重要先例等

① 　代表者が新たに追加して就任した場合における所有権一部移転登記であっても、便宜上、登記原因は「委任の終了」となる（昭53. 2.22民三1102回、登研312）。
② 　権利能力なき社団の所有する不動産につき代表者の個人名義で登記がされている場合に、代表者が死亡し、新たな代表者が就任したときは、委任の終了を登記原因とする現在の代表者への所有権移転登記をする前提として、**死亡した代表者の相続人への所有権移転登記を申請することを要しない**（昭41. 4.18民甲1126回、登研459参照）。

　権利能力なき社団は登記名義人となることができないため、一般的に権利能力なき社団所有の不動産登記は代表者の個人名義でされますが、これは代表者が構成員全員から**登記名義人となる旨の委任を受けた**ことを意味するため、「委任の終了」と記載することになります。ここでは、「権利能力なき社団に関する所有権移転登記における登記原因は『**委任の終了**』となる」と押さえておけば試験対策上十分です。

18 □□□　**真正な登記名義の回復**を登記原因とする所有権の　→4**2**ⓑ②　　×
移転の登記を申請する場合には、登記原因証明情報の提
供を要しない。

19 □□□　甲土地の所有権の登記名義人であるＡに配偶者Ｂ　→4**3**　　　×
及び子Ｃがおり、Ａが死亡して相続が開始した場合にお
いて、ＢがＡの**預貯金を取得する代わり**にＢ所有の乙土
地をＣが取得する旨が記載された遺産分割協議書を登記
原因証明情報の一部として提供し、乙土地についてＢか
らＣへの所有権の移転の登記を申請するときの登記原因
は、遺産分割である。

20 □□□　ＡからＢへの譲渡担保を登記原因とする所有権の　→4**4**　　　○
移転の登記がされている場合において、ＡとＢとの間で
その**譲渡担保契約が解除**されたときは、ＡとＢは、譲渡
担保契約の解除を登記原因として、当該所有権の移転の
登記の抹消を申請することができる。

21 □□□　Ｂが死亡した時は**所有権の移転が失効する旨**の付　大判大 3.8.24　　×
記登記があるＡからＢへの所有権の移転の登記がされて　所有権移転登記を申
いる場合において、**Ｂが死亡したとき**は、Ａは、Ｂの死　請する
亡を証する戸籍の謄本を提供して、**単独**で、当該所有権
の移転の登記の**抹消**を申請することができる。

❷ 真正な登記名義の回復による所有権移転登記

ⓐ 意 義

登記記録上の所有権の登記名義人が無権利者の場合、その所有権の登記を抹消して、真正な（本物の）所有者の名義で所有権登記を申請するべきである。

→ 抹消登記が困難な場合、無権利者名義の登記はそのままにして、真正な所有者への、「真正な登記名義の回復」を登記原因とする所有権移転登記を申請する。

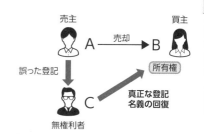

事例 実際は「A→B」への所有権移転があったものの、誤って「A→C」への所有権移転登記がされてしまった場合、「真正な登記名義の回復」を登記原因とする「C→B」への所有権移転登記を申請することができる。

ⓑ 申請手続

① 登記の目的は「所有権移転」と記載し、登記原因は「真正な登記名義の回復」と記載し、**登記原因日付は記載しない**（昭 39．4．9 民甲 1505 回）。
② 権利に関する登記であるため、原則どおり、**登記原因証明情報の提供が必要である**（令 7 Ⅰ ⑤ロ但、令別表 30 添イ）。

❸ 遺産分割による贈与による所有権移転登記

相続人のうちの一人が遺産の中から特定の財産を取得する代わりに、その相続人が所有する不動産を他の相続人に贈与する旨の遺産分割協議が成立した場合、その不動産についての所有権移転登記の登記原因は「**遺産分割による贈与**」となる（登研 528）。💬

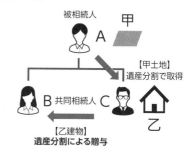

❹ 譲渡担保契約の解除による所有権移転登記

譲渡担保を登記原因とする所有権移転登記がされた後、譲渡担保契約が解除された場合、所有権の登記名義人を譲渡担保権の設定者とするには、**所有権移転登記の方法によることも、所有権移転登記の抹消の方法によることもできる**（登研 342）。

> 遺産分割による贈与を原因でする所有権移転登記では、あくまで遺産分割により遺産である不動産を取得するわけではなく、遺産分割をきっかけとして、**他の相続人から別の不動産の贈与を受ける**ものであることに注意が必要です。

01 □□□　不動産の共有者が共有物分割禁止の契約をした場合には、**保存行為**として、各共有者が単独で、共有物分割禁止の定めにかかる所有権の変更の登記を申請することができる。　→**2** ▶3　×

02 □□□　A及びBが所有権の登記名義人である甲土地について、共有物分割禁止の定めに係る所有権の変更の登記を申請する場合には、A及びBに対して**それぞれ通知された**登記識別情報を提供しなければならない。　→**2** ▶3　○

03 □□□　Aを所有権の登記名義人とする不動産について、その**所有権の一部**をB及びCへと移転する所有権の一部移転の登記を申請するときは、当該登記と**一の申請情報**により、共有物分割禁止の定めの登記を申請することができる。　→**3**①　○

04 □□□　A名義の甲土地を**B及びCが持分各2分の1の割合で買い受け**、これと同時にBとCとの間で5年間の共有物分割禁止の特約をした場合の、甲土地について申請する所有権の移転の登記と共有物分割禁止の定めの登記は、**一の申請情報**によって申請することができない。　→**3**②　○

1 総 説 ［ランクB］

　共有物分割禁止の定めの登記は、共有名義の所有権登記がされた後であっても、所有権変更登記として申請することができる（65、昭50.1.10民三16通）。

2 申請書のポイント ［ランクB］

登記の目的	○番所有権変更（付記）▶1
原　　因	○年○月○日特約
特　　約	○年間共有物不分割▶2
申 請 人▶3	（権利者兼義務者）Ａ　Ｂ

▶1　共有物分割禁止の定めによる所有権変更登記は、変更登記であるため、登記上の利害関係を有する第三者の承諾が得られていない場合は主登記、その者の承諾が得られている場合又はその者がいない場合は付記登記でされる（66）。

▶2　分割禁止期間は、5年以内に限られる（民256Ⅰ但）。

▶3　「（権利者兼義務者）○○」として、共有者である登記名義人全員（ＡＢ）による申請による（合同申請　65）。そのため、申請人全員の登記識別情報、印鑑証明書を提供する。

3 所有権移転登記と一申請情報申請の可否 ［ランクB］

① 「Ａ→Ｂ」への所有権一部移転と同時にＡＢ間で共有物分割禁止の定めをした場合は、共有物分割禁止の定めの登記は、この所有権一部移転登記と一申請情報申請によってすることができる（令3⑪ニ、昭50.1.10民三16通参照）。

② 「Ａ→ＢＣ」への所有権移転と同時にＢＣ間で共有物分割禁止の定めをした場合であっても、共有物分割禁止の定めの登記は、この所有権移転登記と一申請情報申請によってすることができない（昭49.12.27民三6686回参照）。

共有物分割禁止の定めの登記は、所有権一部移転の登記と同時なら一申請情報申請できるということです。この場合、申請情報に「特約　○年間共有物不分割」と記載しますが、それ以外は通常の所有権一部移転登記と同じです。

01 □□□　**所有権の更正の登記**は、登記上の利害関係を有す
　　　る第三者が存在する場合において、当該第三者の承諾又
　　　は当該第三者に対抗できる裁判があったことを証する情
　　　報を提供したときは付記登記でされ、提供しないときは
　　　主登記で実行される。

→ **1** ▶ 1
常に付記登記

×

02 □□□　A名義の不動産につき、Bが所有権の一部を取得
　　　したにもかかわらず、Bを所有権者とする所有権の移転
　　　の登記がされたときは、**AB共有名義に更正する登記**を
　　　申請することができる。

→ **2 1**②

○

03 □□□　AからBへの売買による所有権の移転の登記がさ
　　　れた場合において、買主がBではなくCであったときは、
　　　登記名義人をBからCに**更正**する登記を申請すること
　　　ができる。

→ **2 1**③
更正の前後で同一性
なし

×

04 □□□　AからBへの所有権の移転の仮登記後にされた別
　　　個のAからBへの所有権の移転の登記について、その登
　　　記原因が仮登記原因と相関連し、登記上の利害関係を有
　　　する第三者が存在しないときは、**仮登記に基づく本登記**
　　　とする更正の登記を申請することができる。

→ **2 1**⑥

×

05 □□□　A及びBへの相続を原因とする所有権の移転の登
　　　記がされた場合において、後にA及びBが共に**相続放棄**
　　　をし、Cが相続人となったときは、Cを登記権利者、A
　　　及びBを登記義務者としてその登記の**更正**の登記を申請
　　　することができる。

→ **2 2**②

×

06 □□□　不動産の所有者Aが死亡し、その相続人がB、C
　　　及びDである場合において、Dが相続放棄をしたため、
　　　当該不動産についてDを除外して相続登記がされた後、
　　　Dが**相続放棄を取り消した**ときは、Dを相続人として追
　　　加する**更正**の登記を申請することができる。

→ **2 2**③

○

2**1**③の場合、**更正の前後でAが重複していない**ことから、登記の同一性が認
められないことになります。また、④の登記ができるとすると、結果的に③の
登記を許すことと同じになるため、認められません。

1 | 所有権更正登記の要件

① 登記記録と実体関係の間に原始的不一致（錯誤又は遺漏）があること
② 更正の前後を通して登記の同一性が認められるような場合であること
③ 登記上の利害関係を有する第三者がいる場合には、その承諾があること ▶1

▶1　所有権更正登記には、権利の更正登記として 66 条のほか、抹消登記に関する 68 条が適用されるため。→　登記は常に付記登記で実行される。

2 | 更正登記の可否

1 更正登記の可否

○：できる　×：できない

①	ＡＢ共有名義をＡ単有名義に更正すること（昭 36.10.14 民甲 2604 回）	○
②	Ａ単有名義をＡＢ共有名義に更正すること（昭 36.10.14 民甲 2604 回）	○
③	Ａ単有名義をＢ単有名義に更正すること（福岡高判平 2. 3.28）💬 💡上記の登記を命ずる判決によっても申請は不可（昭 53. 3.15 民三 1524 回）	×
④	Ａ単有名義の登記をＡＢ共有名義に更正し、更にＡＢ共有名義からＢ単有名義に更正すること 💬	×
⑤	●登記原因の更正 ❶　売買を贈与に更正すること（昭 33. 4.28 民甲 786 通） ❷　遺贈を相続に更正すること（昭 41. 6.24 民甲 1792 回）	○
	❸　贈与を共有物分割に更正すること	×
⑥	●登記の実行形式の同一性 ＡからＢへの所有権移転の仮登記の後に、別個のＡからＢへの所有権移転登記がされた場合に、当該登記を仮登記に基づく所有権移転の本登記に更正すること（昭 36. 3.31 民甲 773 回）	×

2 相続登記の更正登記の可否

○：できる　×：できない

①	ＡＢＣ名義の共同相続登記後、共同相続人の一人であるＣが相続放棄をした場合、ＡＢ名義とする更正登記を申請すること	○
②	第 1 順位の相続人のために相続による所有権移転登記がされた後、その相続人全員が相続放棄をした場合に、相続放棄者のためにされた相続登記を第 2 順位の相続人名義とする更正登記を申請すること	×
③	共同相続人ＡＢＣのうちＡが相続放棄をしたため、ＢＣ名義による相続登記がされた後に、Ａが相続放棄を取り消した場合（民 919 Ⅱ）、ＡＢＣ名義とする更正登記を申請すること	○

07 □□□　単有名義の不動産につき抵当権の設定の登記がされている場合において、**単有を共有とする更正の登記**を申請するときは、抵当権の登記名義人の承諾を証する情報を提供することを要する。　→ 3 **1**① 　○

08 □□□　単有名義の不動産につき地上権の設定の登記がされている場合において、**単有を共有とする更正の登記**を申請するときは、地上権の登記名義人の承諾を証する情報を提供することを要する。　→ 3 **1**① 　○

09 □□□　ＡＢ共有名義（持分各２分の１）の不動産について、**Ｃを抵当権者とする抵当権の設定登記**がされている場合に、**Ａの持分を３分の１、Ｂの持分を３分の２とする更正の登記**を申請するには、Ｃの承諾を証する情報を提供することを要する。　→ 3 **1**③ （不動産全体）　×

10 □□□　ＡＢ共有名義（持分各２分の１）の不動産について、**Ｂの持分を目的として、Ｃを抵当権者とする抵当権の設定の登記**がされている場合に、**Ａの持分を３分の２、Ｂの持分を３分の１とする更正の登記**を申請するには、Ｃの承諾を証する情報を提供することを要する。　→ 3 **1**③ （Ｂ持分）　○

11 □□□　**Ａの債権者Ｘの代位**により相続によるＡＢ共有名義の所有権の移転の登記がされた後に、これを錯誤を原因として**Ｂ単独所有名義に更正する登記**を申請する場合、Ｘの承諾を証する情報を提供することを要する。　→ 3 **1** 【重要先例】　○

12 □□□　ＡＢ共有名義の**所有権の保存の登記**（持分各２分の１）について、**Ａ及びＣ持分各２分の１とする更正の登記**を申請する場合、登記義務者はＡ及びＢである。　→ 3 **2** ▶2 Ａは申請人にならない　×

13 □□□　不動産の登記記録の甲区には、順位１番で**Ａの所有権の保存の登記**、順位２番で**Ｂ名義の売買を原因とする所有権の移転の登記**がそれぞれされている場合において、当該不動産はＢが単独でＡから買い受けたのではなく、**Ｃと共同して買い受けた**ものであるときは、Ｃを登記権利者、Ｂを登記義務者として、順位２番の登記名義人をＢ及びＣとする更正の登記を申請することができる。　→ 3 **2** ▶3「原則」 Ａ及びＢが登記義務者となる　×

14 □□□　ＡＢ共有名義の不動産が、実体上は**前登記名義人のＸからＡが単独で譲り受けた**ものである場合には、Ｘ及びＢを登記義務者、Ａを登記権利者として、錯誤を原因とするＡ単独名義とする所有権の更正の登記の申請をすることができる。　→ 3 **2** ▶3「原則」　○

3 登記申請手続

1 所有権更正登記の利害関係人 ◯：利害関係人に当たる ×：当たらない

		担保権者	用益権者
①	A単有からAB共有に更正	◯	◯
②	AB共有からA単有に更正	不動産全体→◯ A持分→× B持分→◯	× （争いあり）
③	AB各2分の1の持分を A3分の2・B3分の1に更正	不動産全体→× A持分→× B持分→◯	×

【重要先例】（代位者は登記上の利害関係を有する第三者に該当するか）

> 更正の対象となる登記が代位によってされた場合（59⑦）、当該**代位者**は更正登記について登記上の利害関係を有する**第三者に該当する**（昭39. 4.14民甲1498通）。

2 申請人 ▶2

登記権利者	更正後新たに共有者に加わる者又は共有持分が増加する者
登記義務者	更正後共有者でなくなる者又は共有持分が減少する者 ▶3

▶2　更正前後で**持分**に変動がない者は、**申請人とならない**。

▶3　【前登記名義人の関与】

原　則	登記義務者と**なる**（昭36.10.14民甲2604回）
例　外	以下の場合は、登記義務者と**ならない** ① 所有権保存登記更正 ② 相続による所有権移転登記更正 ③ 持分のみの更正

所有権更正登記における登記上の利害関係を有する第三者の判断では、**担保権者・用益権者の権利が縮減・消滅してしまわないか**を基準に押さえるとよいでしょう。その際は、更正前の無権利者であった登記名義人が設定した抵当権・用益権は無効であることを意識しましょう。

01 □□□　**所有権の保存の登記の抹消**を書面を提出する方法により申請する場合には、登記名義人の**登記識別情報**及び**印鑑証明書**を提供することを要しない。

→**1**「登記識別情報・印鑑証明書」　×

02 □□□　Ａ名義の所有権の保存の登記がされた後、Ｂを抵当権者とする抵当権の設定の登記がされている場合には、Ａは、**抵当権の登記を抹消した上でなければ**、所有権の保存の登記の抹消を申請することができない。

→**1**「承諾証明情報」　×
Ｂの承諾証明情報を提供して所有権抹消登記を申請すればよい

03 □□□　所有権の移転の登記の抹消を申請する場合に、当該**所有権の移転の登記より前**に設定された**抵当権の実行による差押えの登記**が当該所有権の移転の登記の**後**にされている場合の当該差押えの登記の登記名義人は、登記上の利害関係を有する第三者に該当する。

→**2a**　○

04 □□□　売買を登記原因とする所有権の移転の登記がされた後に売主が死亡したが、当該売買が、無効であった場合には、当該**売主の共同相続人の一人**は、買主と共同して、当該売主を登記権利者、当該買主を登記義務者として、当該**所有権の移転の登記の抹消**を申請することができる。

→**2b** ＊　○

05 □□□　ＡからＢへの**強制競売による売却**を登記原因とする所有権の移転の登記がされている場合には、ＡとＢは、**合意解除**を登記原因として、当該所有権の移転の登記の抹消を申請することができる。

→**2c**　×

1 所有権保存登記の抹消

	申請人	所有権登記名義人による単独申請
添付情報	登記識別情報・印鑑証明書	必 要
	承諾証明情報 ⬭	必 要 ▶1

▶1　ここでは、**抹消すべき所有権登記後にされた抵当権の登記や差押登記の登記名義人**が、登記上の利害関係を有する第三者に当たる。

2 所有権移転登記の抹消

ⓐ 登記上の利害関係を有する第三者の判断

　所有権移転登記の後、所有権移転登記よりも前に設定された抵当権の実行による差押えの登記がされている場合において、所有権移転登記の抹消を申請する場合、当該**差押えの登記名義人は、登記上の利害関係を有する第三者に当たる** (昭 35. 8. 4民甲 1976 回)。

甲 区	乙 区
① 所有権保存 B	
	① 抵当権設定 C
② 所有権移転 A	
③ 差押え C	

抵当権実行

Cの差押登記の土台は
Aの所有権移転登記
→Aの所有権抹消に伴い
Cの差押登記も職権抹消

ⓑ 相続による所有権移転登記の抹消

　相続による所有権移転登記の抹消登記を申請する場合には、前所有権登記名義人である被相続人は既に死亡しているため、**一般承継人による登記**として、真正な相続人を登記権利者として、現在の登記名義人を登記義務者とする共同申請による (登研 333)。

＊　登記権利者となる真正の相続人が数人いる場合には、そのうちの一人が**保存行為**として、登記義務者と共同して抹消登記を申請することができる (登研 427)。

ⓒ 「強制競売による売却」を登記原因とする所有権移転登記抹消

　強制競売による売却を登記原因とする所有権移転登記について、**合意解除を登記原因**とする抹消登記を申請することはできない (昭 36.6.16 民甲 1425 回)。

登記上の利害関係を有する第三者の承諾が得られないために抹消登記を申請できない場合には、代わりに真正な登記名義の回復を登記原因とする所有権移転登記を申請して、真の所有者の名義にすることができます。

01 □□□　買戻特約が売買契約と**同時**にされている場合は、**売買による所有権の移転の登記をした後**でも、買戻特約の登記を申請することができる。

→ 1 ①② 1 段目　　×

02 □□□　買戻しの特約の登記の申請は、同時にする所有権の移転の登記が**譲渡担保**を登記原因とする場合には、することができない。

→ 1 ①① 2 段目　　○

03 □□□　ＡがＢの新築建物を買戻しの特約付きで買い受け、Ａを表題部所有者とする当該建物の表題登記がされた場合には、Ａの**所有権の保存の登記の申請と同時**に、Ｂのための買戻しの特約の登記の申請をすることができる。

→ 1 ①② 2 段目❶　　○

04 □□□　買戻しの特約の登記は、所有権の移転の登記と同時に申請しなければならないが、**買戻しの特約の仮登記**は、所有権の移転の仮登記と**同時**に申請することを要しない。

→ 1 ①② 2 段目❷　　○

05 □□□　買戻しの特約を付した売買契約において所有権の移転の日の特約が定められていた場合には、所有権の移転の登記の登記原因の日付とは**異なる登記原因の日付**で、同時に買戻しの特約の登記の申請をすることができる。

→ 1 ② ▶ 1　　○

06 □□□　買戻しの特約において、**契約費用がない**場合は、当該特約の登記の申請情報の内容として、契約費用を提供することを要しない。

→ 1 ② ▶ 2
「契約費用なし」と表示する　　×

1 買戻特約の登記 💬

1 要 件

①	不動産（地上権、永小作権も含む）の**売買契約と同時**に、特約を締結すること
	代物弁済又は譲渡担保を登記原因とする所有権移転登記と同時に買戻特約の登記を申請することはできない（登研 322）
	売買を原因とする移転登記と別個の申請情報で、**同時に登記申請すること**
②	❶ **所有権保存登記と同時に買戻特約の登記を申請することができる**（昭 38. 8. 29 民甲 2540 通） ❷ 所有権移転の**仮登記**と買戻特約の**仮登記**は、**同時に申請する必要はない**（昭 36. 5.30 民甲 1257 通） ＊ 買戻特約の本登記は所有権移転の本登記と同時申請である

2 申請書のポイント

＊ 下記の申請と同時に、売買を登記原因とする所有権移転登記を申請する。

```
登記の目的    買戻特約
原    因    ○年○月○日特約 ▶1
売 買 代 金    金 500 万円 ▶2
契 約 費 用    金 10 万円 ▶2
権 利 者    A 〔買戻権者〕
義 務 者    B 〔買主〕
添 付 情 報 ▶3  登記原因証明情報    代理権限証明情報
```

▶1 買戻特約を付した売買契約において所有権移転の日付の特約が定められていた場合、**所有権移転登記とは異なる原因日付**とする買戻特約の登記を申請することができる（登研 690）。

▶2 売買代金（別段の合意をした場合は、その合意により定めた金額）及び契約費用を記載する（絶対的登記事項）。また、買戻期間の定め（10 年以内に限る）があるときは、それも記載する（任意的登記事項 96 参照）。

▶3 同時申請の関係で、登記識別情報及び印鑑証明書の提供は不要である。

> 買戻特約のされた不動産に抵当権が設定されたりしても、買戻特約に後れてされた登記の権利は買戻権者に対抗できず、買戻権を行使すれば消えてしまいます。つまり、買戻特約の登記は**爆弾付きの物件**であることを示しているのです。

07 □□□　買戻権の行使による所有権の移転の登記を申請する場合、それと**同時**に**買戻特約の登記の抹消**を申請しなければならない。

→ **2 ❶**「買戻特約の登記の抹消」　✕

08 □□□　売買を登記原因とする所有権の移転の登記と同時にした買戻特約の登記がされている不動産について、買戻権の行使による所有権の移転の登記がされた場合には、当該**買戻特約の登記の後**にされた抵当権の設定の登記は、**登記官の職権**により、抹消される。

→ **2 ❶**「買戻特約に後れる登記の抹消」　✕

09 □□□　**買戻権について**質権の設定の登記がされている場合において、買戻権の行使による登記を申請するときは、申請情報に当該質権者の承諾を証する当該質権者が作成した情報又は当該質権者に対抗することができる裁判があったことを証する情報を提供しなければならない。

→ **2 ❶** ▶ 4　○

10 □□□　買戻しによる所有権の移転の登記の登記原因の日付が買戻しの期間経過前である場合でも、登記の申請が**買戻しの期間経過後**である場合には、買戻しによる所有権の移転の登記の申請をすることはできない。

→ **2 ❷**①　✕

11 □□□　AがBに対し買戻しの特約付きで土地を売却して所有権の移転の登記及び買戻しの特約の登記を申請した後、BがCに対し当該土地を転売して所有権の移転の登記を申請した場合、Aの買戻権の行使による所有権移転登記の**登記義務者はC**である。

→ **2 ❷**②　○

12 □□□　買戻しの特約の登記がされている場合において、**買戻特約付き売買契約の日から10年**を経過したときは、登記権利者は、単独で当該買戻しの特約の登記の抹消を申請することができる。

→ **3 ❶**　○

13 □□□　買戻しの特約の付記登記がされている所有権の移転の登記が解除を原因として抹消された場合、当該買戻しの特約の登記は、**登記官の職権**により抹消される。

→ **3 ❷**　✕

> **買戻権の登記名義人は将来の所有権者**であるところ、買戻権抹消登記は所有権抹消登記と同視できるため、所有権を目的とする**買戻権抹消登記**を申請する場合には印鑑証明書を添付します（昭34.6.20民甲1131回）。なお、同様の観点から、所有権を目的とする**買戻権移転登記**を申請する場合には、印鑑証明書を添付します。

2 買戻権の行使による所有権移転登記 ランク B

1 登記の実行

買戻特約の登記の抹消 ▶4	職 権
買戻特約に後れる登記の抹消	申 請

▶4 買戻権を目的とした**質権・差押えの登記**があるときは、当該権利者は登記上の利害
関係を有する第三者に当たり、その承諾証明情報の提供が必要となる（68、令別表 26
添ト）。

【Aが買戻権の行使による所有権移転登記をする場合】

甲 区	乙 区
① 所有権保存 　A	
② 所有権移転 　B	
付記(1) 買戻特約 　A **職権**抹消	**申請抹消** ① 抵当権 　C

2 重要先例等

> ① 登記原因の日付が買戻期間の経過前である場合には、**買戻期間が経過した後**でも、
> 買戻権行使による所有権移転登記の申請をすることができる（登研 227）。
> ② 買戻特約付売買の買主が、目的不動産を第三者に転売しその登記を経由した場合、
> 最初の売主は、**転得者に対して買戻権を行使**すべきである（最判昭 36. 5.30）。

3 買戻権抹消登記 ランク B

1 申請人

　原則、抹消登記は共同申請によるが（60）、買戻特約が付された売買契約の日から 10
年を経過したときは、登記権利者が抹消登記を単独申請することができる（69の2）。

* 69条の2の規定により買戻しの特約に関する登記の抹消を申請する場合は、登記原
因証明情報の提供が不要となる（令7Ⅲ①）。

2 重要先例

> 　買戻特約の登記が付記されている所有権移転登記を、錯誤や解除を登記原因として
> 抹消するには、これと**同時に又はこれに先立って、買戻権抹消登記**を申請しなければ
> ならない（昭 41.8.24 民甲 2446 回）。

Q 保存行為としての登記申請は、どのような場合に認められるのでしょうか?

A 登記申請における保存行為(民252Ⅴ)は、自己の分だけでは登記できないケースにその代替措置として認められるものです。対抗力を備えるために登記をするかどうかはそれぞれの自由だからです。

例えば、相続登記に関しては、相続人の一人が保存行為として、すべての相続人の名義とする登記を申請できるとされていますが(登研132)、これは、共同相続人の一人が自己の相続分のみについて相続登記をすることはできないとされており(昭30.10.15民甲2216回)、自分の分だけでは登記できないケースに当たるため、その代替措置として認められているものです。

Q 真正な登記名義の回復による所有権移転登記がいまいち理解できません。なぜこのような登記を認める必要があるのでしょうか?

A 要するに、偽者から真の権利者の名義に移す登記です。権利移転の登記を申請する場合、それを目的とする権利はくっついたまま移転するので、登記上の利害関係を有する第三者の承諾は不要であることを利用した方法です。抹消の登記を申請する場合には、登記上の利害関係を有する第三者(ex.無権利者から抵当権の設定を受けた抵当権登記名義人)の承諾を得なければならず(68)、実際問題として難しいところがあることから認められています。

Q 「強制競売による売却」を登記原因とする所有権移転登記について、合意解除を登記原因とする抹消登記を申請することができないのはなぜでしょうか?

A そのような登記を認めると、執行裁判所という公的機関が関与して行われた登記の正確性に対する信頼を損なうことになるからです。

第2編

抵当権に関する登記

●体系MAP

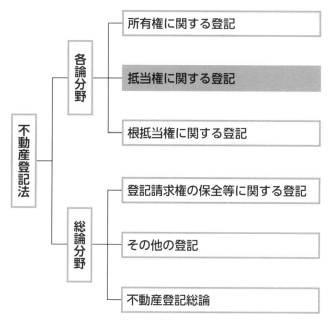

第1章　抵当権設定登記等

第2章　抵当権の移転・変更・更正・処分の登記

第3章　順位変更の登記

第4章　抵当権抹消登記

01 □□□　甲不動産が、A及びBの共有（持分は各2分の1）　→ 1 **1** ▶ 1　　×
　　　　　に属し、その旨の登記がされている場合において、Aが
　　　　　Bから持分を譲り受け、その移転の登記がされたときは、
　　　　　当該**持分を目的**とする抵当権の設定の登記は、申請する
　　　　　ことができない。

02 □□□　所有権の保存の登記のされた建物について、その　→ 1 **1** 3段目　　○
　　　　　登記記録の**表題部に記録された建築年月日より前の日**を
　　　　　もって締結された抵当権設定契約を原因とする抵当権の
　　　　　設定の登記を申請することができる。

03 □□□　Aが自らを借主とする金銭消費貸借契約を令和3　→ 1 **1** ▶ 2　　×
　　　　　年6月20日に締結すると共に、当該契約によって負う　登記原因は「令和3
　　　　　債務について、**他人名義の不動産**に抵当権を設定する契　年6月20日金銭消
　　　　　約を締結した後、同月**30日にAが当該不動産を取得**した。　費貸借令和3年6月
　　　　　この場合における当該抵当権の設定の登記原因は、「令和　30日設定」
　　　　　3年6月20日金銭消費貸借同日設定」である。

04 □□□　**清算中の会社**は、自己の所有する不動産を目的と　→ 1 **1** 5段目　　○
　　　　　する第三者の債務のための抵当権設定契約を登記原因と
　　　　　して、抵当権の設定の登記を申請することができる。

05 □□□　金銭消費貸借上の債務について、債務の弁済方法　→ 1 **1** 6段目　　×
　　　　　を変更すると共に、新たに抵当権を設定する旨の契約が
　　　　　締結された場合、被担保債権の発生原因を**債務弁済契約**
　　　　　とする抵当権の設定の登記の申請は、することができる。

06 □□□　**分割貸付**に係る債権について抵当権を設定した場　→ 1 **2a**「具体例」①　○
　　　　　合において、その**全額が貸し付けられていない**ときでも、
　　　　　分割貸付証書に記載された総額を被担保債権として抵当
　　　　　権の設定の登記を申請することができる。

07 □□□　**債権者を異**にする複数の債権を担保するために同　→ 1 **2b**③　　×
　　　　　一の契約により1個の抵当権を設定し、その抵当権の設
　　　　　定の登記を申請することができる。

1 **1**の1段目は「**物理的に不動産の一部に抵当権を設定できるか？**」という話
であり、2段目は「**権利的に所有権の一部に抵当権を設定できるか？**」という
話です。混同しないように注意しましょう。

1 抵当権の目的物、被担保債権

1 抵当権設定登記の可否 💬

〇：可　✕：不可

1筆の土地の一部を目的とする抵当権設定登記	✕
所有権（持分）の一部を目的とする抵当権設定登記 ▶1	✕
登記記録上の建築年月日より前の日付を設定日とする抵当権設定登記	〇
設定者の他人所有の不動産を目的とする抵当権設定登記 ▶2	✕
清算中の会社を設定者とする抵当権設定登記	〇
債務弁済契約を登記原因とする抵当権設定登記	✕
債務承認契約を登記原因とする抵当権設定登記	〇

▶1　同一人が数回にわたって所有権（持分）取得の登記を受けている場合には、その持分を目的とする抵当権設定登記を申請することができる（昭58.4.4民三2252通）。

▶2　設定者が他人所有の不動産を取得することを条件とする条件付抵当権設定契約は認められる。この場合、登記原因の日付を不動産取得の日として、抵当権設定登記を申請する（登研440）。

2 被担保債権

ⓐ 付従性の緩和

意 義	抵当権の設定当時、被担保債権の発生の可能性が法律上存在すれば、将来発生する債権を被担保債権として抵当権を設定することができる（付従性の緩和）。
具体例	① 分割貸付に係る債権 ② 賃貸借契約に基づいて賃借人が賃貸人に提供した保証金の返還請求権 ③ 保証委託契約に基づく求償債権（昭48.11.2民三8118通）

ⓑ 複数の債権

【多数当事者・複数の債権の可否】（昭35.12.27民甲3280通）　〇：できる　✕：できない

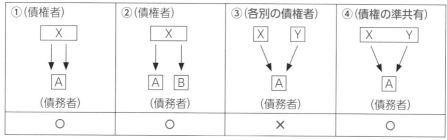

①（債権者）	②（債権者）	③（各別の債権者）	④（債権の準共有）
X ↓↓ A （債務者）	X ↓↓ A　B （債務者）	X　Y ↘↙ A （債務者）	X　Y ↘↙ A （債務者）
〇	〇	✕	〇

08 □□□　抵当権が設定され、その登記をしないうちにその被担保債権の**一部が弁済**された場合、当該抵当権設定・金銭消費貸借契約書と一部弁済証書を登記原因証明情報として提供して、**現存する債権額**についての抵当権の設定の登記を申請することはできない。

➡2 ▶4「一部弁済があった場合」　✕

09 □□□　**外国通貨で債権額を指定**した債権を担保する抵当権の設定の登記を申請する場合、日本の通貨で表示する担保限度額は、**当事者間で自由に定めた邦貨換算額**をもって登記することができる。

➡2 ▶4「外国通貨で債権額を指定した場合」　○

10 □□□　抵当権設定の登記を申請する場合において、「利息は年5％とする。ただし、**融資契約に違反するときは、年8％とする。**」旨の利息に関する定めを申請情報の内容として提供することはできない。

➡2 ▶5「第三者に計算不能な定め」　○

11 □□□　登記原因証明情報である抵当権設定・金銭消費貸借契約書に記載されている利息の定めが**利息制限法の制限利率を超える**場合でも、申請情報に制限利率内の利息を記載して登記を申請することができる。

➡2 ▶5「制限利率を超える場合」　○

12 □□□　**法人格を有しない社団**を**債務者**とする抵当権の設定の登記の申請は、することができる。

➡2 ▶6　○

2 登記申請手続

【申請書のポイント】

登記の目的	抵当権設定
原　　因	○年○月○日金銭消費貸借○年○月○日設定 ▶3
債 権 額	金 1,000 万円 ▶4
利　　息	年○% ▶5
債 務 者	B ▶6

▶3　抵当権の被担保債権を特定するために被担保債権の発生原因である契約とその成立の年月日に加え、その債権を担保するための抵当権設定契約をした旨とその設定の年月日を表示する（昭 30.12.23 民甲 2747 通）。

▶4　【債権額に関する論点】

一部弁済があった場合	現存する債権額を表示して抵当権設定登記を申請することができる（昭 34. 5. 6 民甲 900 通）
外国通貨で債権額を指定した場合	債権額として、外国通貨で表示した債権額のほか、日本円で表示した担保限度額を併せて表示する ＊　担保限度額は**当事者間で自由に定めた額**でもよい（昭 35.3.31 民甲 712 通）

▶5　【利息に関する論点】

第三者に計算不能な定め 💬	利息に関する定めを「利息は金融情勢により別に当事者間で定める」として登記することはできない（昭 31. 3.14 民甲 506 回）
制限利率を超える場合	登記原因証明情報に利息制限法の制限利率を超える利息に関する定めがある場合でも、登記の申請情報に**制限利率の限度に引き直して提供**すれば、その登記申請は受理される（引き直し申請　昭 29.7.13 民甲 1459 通）

▶6　権利能力なき社団を債務者として表示することができる（昭 31.6.13 民甲 1317 回）。

利息の定めが登記事項とされている趣旨は、後順位抵当権者等の第三者に抵当権の利息分についての**優先弁済権の範囲を周知させる**ことにあります。そのため、第三者が計算不能である曖昧な定めを登記することはできません。同様の観点から、利息の定めを「利息は年○%とする。ただし、融資契約に違反するときは、年○%とする。」として登記することもできません（昭 44. 8.16 民事三 705 回）。

13 □□□　同一の債権の担保として数個の不動産上に設定された共同抵当権であることが登記原因証明情報により明らかな場合には、その**一部の不動産のみ**について抵当権の設定の登記を申請することはできない。

→ 3 「登記の留保」　✕

14 □□□　同一の登記所の管轄区域内にあるＡ所有の甲土地及びＢ所有の乙土地について、同一の債権を担保するため、**日を異**にして抵当権が設定された場合には、甲土地及び乙土地に係る抵当権の設定の登記は、**一の申請情報**によって申請することができる。

→ 3 「一申請情報申請の可否」　○

15 □□□　**質権**の登記においては、**違約金の定め**があるときはその定めを登記することができるが、**抵当権**の登記においては、**違約金の定め**があるときでもその定めを登記することができない。

→ 4 「違約金」　○

16 □□□　**質権**の設定の登記の申請において、「①**存続期間**の定めがあるときは、その定め、②質権の目的である不動産の用法に従い、その**使用及び収益をすることができる**旨の定めがあるときは、その定め」はいずれも登記事項である。

→ 4 ▶ 9
質権者が不動産を使用しない旨が登記事項である　✕

17 □□□　賃借権の設定の登記がされている賃貸借契約に、**賃借権の譲渡又は転貸をすることができる旨の特約**があっても、当該賃借権を目的とする質権の設定の登記の申請をすることはできない。

質権は登記された賃借権（譲渡又は転貸ができる旨の特約があるもの）に設定できる　✕

3 | 共同抵当権の設定登記（追加設定）

登記の留保	共同抵当権の目的である**複数の不動産の一部のみ**について抵当権設定登記を申請することができる
一申請情報申請の可否	同一管轄の複数の不動産に共同抵当権が設定された場合に、**登記の目的が同一**であるときは、一申請情報申請でその全部の不動産について抵当権設定登記を申請することができる（昭 39. 3. 7 民甲 588 通）
登記事項証明書の提供	前の登記に他の登記所の管轄にある不動産に関するものがあるときは、「登録免許税法第 13 条第 2 項の証明書」を減税証明書として提供することで、登録免許税が「1,500 円（権利の件数 1 件につき）」となる 💡前の登記に係る登記事項証明書の提供は**任意**
登記事項の一致の要否▶7、8	共同抵当権の追加設定の登記を申請する場合に、既に登記した抵当権の表示と債権額、利息、債務者等は、**一致していなくとも、登記は受理される**

▶7　抵当権設定登記後に債務者に住所の変更（ex. X市→Y市）があった場合、既に登記された抵当不動産について**債務者の住所変更の登記をすることなく**、変更後の債務者の住所（Y市）を表示して、共同抵当権の追加設定の登記を申請することができる（登研 425）。

▶8　抵当権設定登記後に被担保債権の貸付利率の引下げがあった場合、**利率の引下げによる変更の登記を申請することなく**、変更後の利息（利率）を表示して、抵当権の追加設定の登記を申請することができる（昭 41.12. 1 民甲 3322 回）。

4 | 質権に関する登記

【質権と抵当権の登記事項】▶9

〇：必要的登記事項　△：任意的登記事項　✕：非登記事項

	債権額	利　息	損害金	違約金	存続期間	条　件	債務者
質　権	〇	△	△	△	△	△	〇
抵当権	〇	△	△	✕	✕	△	〇

▶9　不動産質権者は原則として目的不動産を使用収益することができるが（民 356、357）、当事者でこれと異なる定め（質権者が不動産を使用しない）をすることができ（民 359）、この定めを第三者に対抗するために登記する（法 95 Ⅰ ⑥）。

共同抵当権の設定登記に関しては、共同根抵当権の設定登記との比較問題がよく出題されます。根抵当権に関する登記の学習が終わったら、問題のページに戻って比較をするとよいでしょう。

第 1 章　抵当権設定登記等　53

01 □□□ 無効な抵当権の設定契約に基づき A を抵当権者とする抵当権の設定の登記がされている場合に、A 及び B の共同申請により、**真正な登記名義の回復**を原因として B のために抵当権の移転の登記を申請することができる。
→ 1 「真正な登記名義の回復」　×

02 □□□ 共同抵当権の目的物の 1 個の不動産の代価のみについて抵当権者が配当を受けた場合には、**裁判所書記官の嘱託**により、その不動産の後順位抵当権者の代位による抵当権の移転の登記がされる。
→ 1 「次順位担保権者による代位」共同申請によってする　×

03 □□□ 抵当権の被担保債権が 100 万円の貸金債権である場合において、同一の債務者に対する別個の 100 万円の貸金債権を**被担保債権に加える抵当権の変更**の登記を申請することはできない。
→ 2 ■ 「原則」　○

04 □□□ 金銭消費貸借予約契約に基づく**将来の貸付金**を担保するための抵当権の設定の登記がされている場合において、その予約契約を変更して、貸付金額を増額したときは、債権額の増額変更の登記を申請することができる。
→ 2 ■ 「例外」②　○

05 □□□ 抵当権の債権額を増額する変更の登記を申請する場合、その抵当権より**後順位の賃借権**の登記名義人は、登記上の利害関係を有する第三者に該当する。
→ 2 ■a 「乙区」2 段目　×

06 □□□ **地上権を目的とする抵当権**の債権額を増額する変更の登記を申請する場合、その地上権より後順位の抵当権の登記名義人は、登記上の利害関係を有する第三者に該当する。
→ 2 ■a ▶2　×

07 □□□ 抵当権の債権額を減額する変更の登記を申請する場合、**その抵当権を目的とする転抵当権**の登記名義人は、登記上の利害関係を有する第三者に該当する。
→ 2 ■b　○

例えば、債権額（ex.100 万円）を増加させるために**新たな貸付け**(ex.50 万円)を行った場合、債権額増額の抵当権変更の登記を申請することができません（明 32.11.1 民刑 1904 回）。

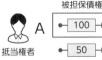

被担保債権
A 抵当権者 100 B 設定者
50 新たな貸付け

元の貸金債権（100万円）と貸増し（50万円）の貸金債権は別物
→別途設定登記によるべき

1 抵当権移転登記

【主な論点】

真正な登記名義の回復	真正な登記名義の回復を登記原因とする抵当権移転登記は、原則として申請することができない（昭40. 7.13民甲1857回）▶1
次順位担保権者による代位	民法392条2項の次順位抵当権者による代位をして抵当権を行使する次順位抵当権者は、代位する抵当権に代位の旨を付記登記することができる（民393） ＊ 登記の目的を「○番抵当権代位」、登記原因を「年月日民法第392条第2項による代位」と記載し、共同申請によりする

▶1　従前の抵当権登記名義人に抵当権を回復する場合には申請することができる。

2 債権額の変更登記

ランク A

1 債権額の増額による変更登記の可否

原則	できない
例外	① 債権の一部を担保する抵当権について、その被担保債権額を増額する場合 ② 金銭消費貸借予約上の将来債権を担保する抵当権の場合 ③ 外国通貨で債権額を指定した場合の担保限度額を増加する場合 ④ 利息の元本組入れ（約定重利又は法定重利（民405））

2 債権額の変更における登記上利害関係を有する第三者

ⓐ 増額変更の場合　　　　　　　　　○：利害関係人に該当する　×：該当しない

甲区	抵当権登記後の処分の制限（差押え、仮差押え、仮処分）の登記名義人	○
	抵当権設定登記後の所有権仮登記名義人	○
乙区	同順位、後順位の担保権者	○
	用益権者 ▶2	×

▶2　地上権を目的とする抵当権の債権額を増額する場合、その地上権より後順位の抵当権者は利害関係人とならない。

ⓑ 減額変更の場合

　抵当権を目的とする転抵当権者等の民法376条の処分の受益者、被担保債権の質権者、被担保債権の差押債権者等が利害関係人となる。

08 □□□　**抵当権の債務者の変更**の登記を申請するときは、登記上の利害関係を有する第三者の承諾を証する情報を提供することを要しない。　➡ 3 **1**①　○

09 □□□　**抵当証券**が発行されている抵当権の登記について、**債務者**は、当該抵当証券を提供することなく、債務者の氏名若しくは名称又は住所についての更正の登記を**単独**で申請することができる。　➡ 3 **1**②　○

10 □□□　債務者を交替する更改契約に基づく新債務担保のための**抵当権の変更の登記**を申請する場合において、所有権登記名義人が登記義務者となるときは、申請書にその者の印鑑証明書を添付しなければならない。　➡ 3 **2**①　×

11 □□□　**根抵当権の債務者の変更の登記**を申請する場合には、申請書に設定者である所有権の登記名義人の印鑑証明書を添付することを要する。　➡ 3 **2**① cf.　○

12 □□□　取締役会設置会社であるＡ株式会社を債務者兼設定者とする**根抵当権**につき、同社の代表取締役Ｂが A社の債務を引き受けた場合、**Ｂを債務者に追加**する登記の申請書には、Ａ株式会社の取締役会議事録を添付しなければならない。　➡ 3 **2**② cf. 参照　○

13 □□□　ＡＢ共有名義の不動産について、Ａの持分を目的とする抵当権の設定の登記がされた後、ＡがＢの持分を取得して単独の所有者となった場合、抵当権の効力を所有権全部に及ぼす変更の登記の登録免許税の額は、**不動産1個につき金1,000円**である。　➡ 4 **1**
不動産1個につき
1,500円である　×

14 □□□　ＡＢ共有名義の不動産について、Ａの持分を目的とする抵当権の設定の登記がされた後、ＡがＢの持分を取得して単独の所有者となった場合、抵当権の効力を所有権全部に及ぼす変更の登記の登記原因は、「**年月日変更**」である。　➡ 4 **1** ▶3　×

15 □□□　ＡＢ共有名義の不動産を目的として、Ｃを抵当権者とする抵当権の設定の登記がされている場合において、**Ｂの持分上の抵当権を消滅**させる旨の合意が成立した場合には、Ｂを登記権利者とし、**Ａ及びＣを登記義務者**として、抵当権の変更の登記を申請しなければならない。　➡ 4 **2** ▶5
義務者はＣのみ　×

3 債務者の変更登記

ランク A

1 重要先例等

① 債務者の変更においては、利害関係を有する第三者は存在しない。
② 抵当証券が発行されている場合に、登記された債務者の氏名・名称又は住所に変更（更正）が生じたときは、当該変更等の登記は、債務者が単独で申請できる（64Ⅱ）。

2 根抵当権との比較   💡抵当権と根抵当権で結論が反対になる

① 抵当権の債務者の変更登記を申請する場合は、登記義務者である設定者が所有権登記名義人の場合であっても、印鑑証明書の添付は不要である。
   cf. 根抵当権の債務者変更の場合には、原則どおり、印鑑証明書の添付を要する。
② 取締役会設置会社であるA株式会社所有の不動産につき、債務者を同会社として抵当権設定登記をした後、債務者を同会社代表取締役Bとする変更登記の申請があった場合、会社法365・356条による取締役会議事録の添付は要しない。
   cf. 同じ状況で、根抵当権の債務者変更の場合には、取締役会議事録の添付を要する。

4 その他の変更登記

ランク B

1 抵当権の効力を所有権全部に及ぼす変更登記

【申請書のポイント】

登記の目的	1番抵当権の効力を所有権全部に及ぼす変更（付記）
原　　因	○年○月○日金銭消費貸借○年○月○日設定 ▶3
登録免許税	金1,500円（登録免許税法第13条第2項）▶4

▶3　登記原因は「設定」である。「変更」ではない。
▶4　同一不動産であるため、「財務省令で定める情報」の提供は不要である。

2 抵当権の効力を共有者の一人につき消滅させる場合の変更登記

事 例　AB共有の不動産につき、Cを抵当権者とする抵当権設定登記がされた後、CがB持分につき抵当権を放棄した。

【申請書のポイント】

登記の目的	1番抵当権をA持分の抵当権とする変更
原　　因	○年○月○日B持分の放棄
権　利　者	B ▶5
義　務　者	C

▶5　抵当権の負担が存続するAは申請人とならない。

16 □□□　Aを登記名義人とする抵当権の設定の登記がされた後、AからBに対して債権一部譲渡を登記原因とする当該抵当権の一部の移転の登記がされている場合において、当該抵当権の被担保債権のうちAの債権のみが弁済されたときは、「**Aの債権弁済**」を登記原因として、抵当権の変更の登記を申請することができる。 ➡4❸　○

17 □□□　抵当権の登記について、**債務者をAからBとする**更正の登記を申請することができる。 ➡5①　○

18 □□□　Aを抵当権者とする利息に関する定めのある抵当権について、**被担保債権の発生原因日付を前にする更正の登記**の付記登記を更正前の原因日付から2年を超えない日に申請する場合において、Aを抵当権者とする抵当権の設定の登記がされた後、Bを抵当権者とする抵当権の設定の登記がされているときは、**Bの承諾を証する情報**又はBに対抗することができる裁判があったことを証する情報を提供しなければならない。 ➡5②　○

19 □□□　令和3年6月1日、AはBに金銭を貸し付け、同日、その貸付金を被担保債権とする抵当権を甲建物に設定してその登記名義人となり、同年6月15日、CはBに金銭を貸し付け、同日、その貸付金を被担保債権とする抵当権を甲建物に設定して登記名義人となった。その後、同年**7月1日**、Aは甲建物の2番抵当権の登記名義人であるCに当該抵当権の順位を譲渡した。この場合にする抵当権の順位譲渡の登記の申請情報においては、登記の目的を「1番抵当権の2番抵当権への順位譲渡」、登記原因を「令和3年6月15日金銭消費貸借令和3年7月1日順位譲渡」と表示する。 ➡6「抵当権の順位譲渡（放棄）の登記」　×

20 □□□　**債務者をAとする**1番抵当権の設定の登記及び**債務者をBとする**2番抵当権の設定の登記がされている場合に、1番抵当権の順位を2番抵当権に譲渡しても、その旨の登記は申請することができない。 ➡6「抵当権の順位譲渡（放棄）の登記」　×

21 □□□　A所有の不動産にAを債務者とするB名義の抵当権の設定の登記をした後、**AからCへ所有権の移転の登記がされた場合**には、Bから、Cの一般債権者であるDに対して抵当権の譲渡の登記を申請することができる。 ➡6▶6　○

❸ 「〇の債権弁済」を登記原因とする変更登記

　Aを登記名義人として設定登記がされている抵当権につき、債権一部譲渡を登記原因とするBへの抵当権一部移転登記がされた後、Aの債権のみが弁済された場合には、A及びBの両債権を担保する抵当権がBの債権のみを担保する抵当権に変更されたものと解される。

→　この場合、「Aの債権弁済」を登記原因として、抵当権変更登記を申請することができる（記録例394）。

5 ┊ 抵当権更正登記

【重要先例等】

> ①　債務者をAとする抵当権設定登記がされている場合に、**債務者をBとする抵当権更正登記を申請することができる**（昭37.7.26民甲2074回）。
>
> ②　利息に関する定めのある抵当権設定登記に後れる第三者の抵当権設定登記がされている場合において、先順位の抵当権の被担保債権の発生原因日付を過去に遡らせる更正の付記登記を申請するときは、後順位抵当権者の承諾証明情報を提供することを要する（66, 登研786）。

6 ┊ 抵当権処分の登記

【抵当権のみの譲渡（放棄）の登記・抵当権の順位譲渡（放棄）の登記の比較】

	登記の目的・登記原因	受益債権の表示	債務者同一の要否
抵当権のみの譲渡（放棄）の登記	目的「〇番抵当権譲渡（放棄）」 原因「年月日金銭消費貸借年月日譲渡（放棄）」	あ　り	必　要▶6
抵当権の順位譲渡（放棄）の登記	目的「〇番抵当権の〇番抵当権への順位譲渡（放棄）」 原因「年月日順位譲渡」	な　し	不　要

▶6　民法376条1項の規定する「同一の債務者」には、債務者だけでなく、**第三取得者**も含まれる（平9.1.22民三85回）。

> 抵当権の被担保債権の発生原因日付を過去に遡らせると利息により担保される額が増加するところ、**増額更正と同視**することができる点を理解しておきましょう。なお、抵当権の利息が担保されるのは最後の2年分であるため、更正登記の申請日が更正前の原因日付から2年を超えている場合には、後順位抵当権者の承諾証明情報の提供が不要となります。

01 □□□　各抵当権者が順位変更の合意をした後に利害関係を有する者の承諾を得た場合、当該順位変更の登記の**登記原因の日付**は、その承諾の日である。

→**1** ▶1　○

02 □□□　**仮登記**された抵当権、登記された**不動産質権**について、順位変更の登記を申請することはできない。

→**2**「質権、先取特権」、「担保権（1号仮登記）」　×

03 □□□　順位1番の条件付抵当権の設定の仮登記と順位2番の抵当権の**順位変更**の登記を申請することはできるが、順位1番から順位2番への**順位放棄**の登記は申請することができない。

→**2**「担保権（2号仮登記）」「停止条件付」　×

04 □□□　**抵当権と地上権**との間の順位変更の登記の申請はすることができない。

→**2**「用益権」　○

05 □□□　1個の抵当権の**一部**について**順位譲渡**の登記の申請をすることはできるが、**順位変更**の登記を申請することはできない。

→**2**「1個の抵当権の一部」　○

06 □□□　順位変更の登記について、これを**変更する登記**の申請をすることはできないが、順位変更の登記に錯誤・遺漏があるときの更正登記や順位変更の合意につき無効又は取消事由があるときの**抹消登記**の申請をすることができる。

→**3**「可否」　○

07 □□□　順位変更の登記は、順位変更の対象となる各抵当権の登記に**付記**してされる。

→**3**「順位変更登記」「登記の実行」　×

08 □□□　抵当権の順位変更の登記の抹消を申請する場合には、抵当権の**順位変更の登記の際に通知された登記識別情報**を提供しなければならない。

→**3**「順位変更登記の抹消」「登記識別情報」　×

09 □□□　Aを順位1番、Bを順位2番、Cを順位3番とする各抵当権設定登記がされている場合において、Aを第1、Cを第2、Bを第3に変更する順位変更の登記をするに当たり、誤って、Cを第1、Aを第2、Bを第3としてしまった場合、その更正の登記は、**A、B及びCが共同して**申請しなければならない。

→**3** ▶5
Bは申請人とならない　×

①順位変更の登記がされた後、②変更後の順位を更に変更する合意をした場合には、順位変更の登記自体を変更する登記を申請することはできません（昭46.10.4民甲3230通）。②は①とは**別に新たな順位を創設するもの**であるため、改めて別個に順位変更の登記を申請しなければならないのです。

1 順位変更の成立要件 (民374条) ランク B

①	順位変更する抵当権者全員の合意 (民374 I 本)
②	利害関係人の承諾 (民374 I 但) ▶1
③	順位変更の登記 (民374 II)

▶1　実体上の効力発生要件であるため、**登記原因日付に影響を与える**。

2 順位変更できる権利

○：できる　×：できない　ランク A

		順位変更	順位譲渡・放棄
抵 当 権		○	○
根 抵 当 権	元本確定前	○	× ▶2
	元本確定後	○	○
質 権 、 先 取 特 権		○	○
担保権（1号仮登記）		○	○
担 保 権 （2号仮登記）	停 止 条 件 付	○	○
	設定請求権保全	○	×
用 益 権		×	×
未登記の担保物権		× ▶3	▶4
1個の抵当権の一部		×	○

▶2　確定前の**根抵当権への**順位譲渡・順位放棄をすることができる (民398の15参照)。

▶3　ただし、未登記の担保権者を含めて順位変更の合意をした場合でも、当該合意は無効ではなく、未登記担保権について**設定又は保存登記を受けた後に**当該登記された日を原因日付として、順位変更の登記を申請すれば受理される。

▶4　順位譲渡をする側の抵当権の登記が既にされていれば、順位譲渡を**受けるべき抵当権が未登記であっても**順位譲渡契約をすることができる。契約日が原因日付となる。

3 順位変更に関する登記の比較

○：できる　×：できない　ランク B

	順位変更登記	順位変更登記の更正	順位変更登記の抹消	順位変更登記の変更
可 否	○	○	○	× 💬
登記の実行	主登記	付記登記	主登記	
申 請 方 法	合同申請	合同申請 ▶5	合同申請	―
登記識別情報	申請人全員が担保権取得の登記をした際のものを提供する ▶6			

▶5　更正の登記によって**影響を受けない担保権者**は、申請人とならない。

▶6　順位変更の登記を申請しても、**申請人には登記識別情報は通知されない**。

10 ☐☐☐　順位1番で甲抵当権、順位2番で乙抵当権、順位3番で丙抵当権の設定の登記がされている場合に、甲抵当権を第3、丙抵当権を第1とする順位変更の登記は、**甲抵当権及び丙抵当権**の各登記名義人の申請によってすることができる。

➡**4**事例①
乙抵当権の登記名義人も申請人

✕

11 ☐☐☐　抵当権の順位変更の登記は、順位が上昇する抵当権者を登記権利者、**順位が下降する抵当権者を登記義務者**として申請する。

➡**5**

✕

12 ☐☐☐　Aを順位1番、Bを順位2番、Cを順位3番とする各抵当権の設定の登記がされており、Bの抵当権につき**Dの転抵当**の登記がされている場合において、Aを第1、Cを第2、Bを第3に変更する順位変更の登記を申請する場合には、**Dの承諾**を証する情報を提供することを要する。

➡**6ⓐ**①

○

13 ☐☐☐　2番抵当権を第1、1番抵当権を第2とする順位変更の登記を申請する場合、**1番**抵当権の被担保債権を目的とする**仮差押債権者の承諾**を証する情報を提供しなければならない。

➡**6ⓐ**②

○

14 ☐☐☐　3番抵当権を第1、2番抵当権を第2、1番抵当権を第3とする順位変更の登記を申請する場合、**順位の変動しない2番**抵当権の被担保債権を目的とする**仮差押債権者**は、登記上の利害関係を有する第三者に該当しない。

➡**6ⓐ**②

✕

15 ☐☐☐　順位変更の登記につき、登記された**用益権者**、不動産の**差押債権者**、仮処分債権者又は**所有権仮登記権利者**は、いずれも登記上の利害関係を有する第三者となることはない。

➡**6ⓐ**⑤⑥

○

16 ☐☐☐　順位1番の甲抵当権及び順位2番の乙抵当権がある場合に、乙抵当権を第1、甲抵当権を第2とする順位変更の登記を申請するにつき、**乙抵当権の譲渡を受けている他の債権者**は、登記上の利害関係を有する第三者に該当する。

➡**6ⓑ**

✕

抵当権の被担保債権に差押え等があった場合、その**差押え等の効力は随伴性により抵当権にも及ぶ**ところ、差押債権者等は抵当権の優先弁済の恩恵を受ける立場にあるため、当該差押債権者等は順位変更に利害関係を有します。

4 順位変更の登記の申請人 A

事例①
1番抵当権　A　　　　　　3番抵当権　C
2番抵当権　B　　　　　　2番抵当権　B
3番抵当権　C　　　　　　1番抵当権　A

→　1番、2番、3番抵当権の登記名義人のすべて（ＡＢＣ）が合意当事者となり申請人となる（昭46.10.4民甲3230通）。

事例②
1番A　　　　　1番A
2番B　　　　　3番C
3番C　　　　　2番B
4番D　　　　　4番D

申請人⇒ＢＣ
ＡＤには影響がないので、申請人とならない。

5 順位変更の登記の申請構造 A

登記権利者・登記義務者という申請構造ではなく、順位変更の合意をした関係担保権者の全員が共同して申請する（合同申請　89 I）。

6 順位変更の登記の利害関係人 A

ⓐ 原　則　　　○：利害関係人に該当する　×：該当しない

①	順位変更の対象となる抵当権の転抵当権者	○
②	順位変更の対象となる抵当権の被担保債権の差押債権者、仮差押債権者	○
③	順位変更の対象となる抵当権から抵当権の譲渡・放棄又は順位譲渡・順位放棄を受けている後順位担保権者	○
④	順位変更の対象となる抵当権に対して順位譲渡・順位放棄をしている先順位担保権者	○
⑤	用益権者	×
⑥	不動産の差押え・仮差押え・仮処分債権者、所有権の仮登記権利者	×
⑦	順位変更の対象となる権利の設定者	×

ⓑ 例　外

ⓐの①から④までに該当する者であっても、**当該第三者が依存する抵当権等の順位が上昇する場合には、利害関係人とならない。**

01 □□□ 抵当権者が抵当権の目的である不動産の所有権を取得した場合には、**後順位の抵当権**の設定の登記がされている場合であっても、「年月日混同」を登記原因として、自己の抵当権の設定の登記の抹消を申請することができる。　→ 1 **1** ▶1「例外」　×

02 □□□ 混同により抵当権が消滅した後、抵当権の設定の登記が抹消されない間に所有権の移転の登記を受けた**現在の所有権の登記名義人**は、抵当権の登記名義人と共同して抵当権の設定の登記の抹消を申請することができる。　→ 1 **2**「登記権利者」① ○

03 □□□ 先順位抵当権の被担保債権が弁済された場合には、**次順位抵当権者**は、当該先順位抵当権の登記名義人と共同して、当該抵当権の設定の登記の抹消を申請することができる。　→ 1 **2**「登記権利者」② ○

04 □□□ **順位2番抵当権のために順位譲渡**の登記がされている順位1番抵当権の登記の抹消を申請する際、2番抵当権の登記名義人の承諾を証する情報を提供することを要しない。　→ 1 **3**【重要先例】　×

05 □□□ 順位1番抵当権から**順位譲渡を受けている順位2番抵当権の登記**の抹消を申請する際、1番抵当権の登記名義人の承諾を証する情報を提供することを要しない。　→ 1 **3**【重要先例】　○

06 □□□ 1番抵当権を第2、2番抵当権を第1に**変更する順位変更の登記がされている場合**において、1番抵当権の設定の登記の抹消を申請するときは、2番抵当権の登記名義人の承諾を証する情報を提供することを要しない。　→ 1 **3** cf.　○

07 □□□ 抵当権者に相続が開始した場合において、**相続開始前に当該抵当権が消滅**していたときには、**相続による抵当権の移転の登記がされていなくても**、相続があったことを証する情報を提供することにより、所有権の登記名義人と抵当権の登記名義人の相続人全員が共同して、その登記の抹消を申請することができる。　→ 1 **4ⓐ**　○

08 □□□ 抵当権者に相続が開始したことにより移転した抵当権が、**相続開始後に弁済により消滅**した場合に、弁済による抵当権の登記の抹消を申請するためには、その前提として、抵当権の移転の登記がされていることを要する。　→ 1 **4ⓑ**　○

ここでは一見、2番抵当権が1番抵当権に繰り上がるので問題ないようにも思えますが、**国税債権**（国税を徴収するための債権で、登記記録に表れない）**が存在する可能性がある**ため、承諾証明情報を必要としています。

1 共同申請による抹消

1 登記原因

事　例	登記原因	登記原因日付
代物弁済による場合	代物弁済	所有権移転登記をした日
混同による場合	混　同	▶1
所有権の時効取得による場合	所有権の時効取得	占有開始日
主債務の弁済があった場合	主債務消滅	主債務が消滅した日

▶1　【混同による抹消を申請する場合の登記原因日付】

原　則	抵当権の目的である権利と抵当権が同一人に帰属した日
例　外	後順位抵当権が存在する場合は、混同の例外として抵当権は消滅しない（民179 I 但） ＊　登記原因日付は、「後順位抵当権が消滅した日」（登研520）

2 申請人 (明32. 8. 1民刑1361回、昭30. 2. 4民甲226通、昭31.12.24民甲2916回)

登記権利者	①抵当権の目的である権利の現在の登記名義人、又は②後順位抵当権者
登記義務者	抵当権者

3 順位譲渡をした抵当権の登記を抹消する際の利害関係人

【重要先例】

> 順位2番抵当権のため、順位譲渡の登記がされている順位1番抵当権の登記の抹消を申請する場合、2番抵当権者は、登記上の利害関係を有する第三者に該当する（昭37. 8. 1民甲2206通）。

cf. 1番抵当権と2番抵当権の順位変更をした後、1番抵当権を抹消する場合には、2番抵当権者は、登記上利害の関係を有する第三者に該当しない。

4 抵当権者又は設定者に相続（又は合併）があった場合の登記手続

ⓐ 抵当権消滅後、抹消登記未了の間に抵当権者に相続が生じた場合

弁　済　　　　　　抵当権者死亡　　　　　　　登記手続 ：抵当権抹消登記

ⓑ 抵当権者に相続開始後、相続登記未了の間に抵当権が消滅した場合

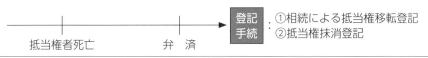

抵当権者死亡　　　　　　弁　済　　　　　　　登記手続 ：①相続による抵当権移転登記
②抵当権抹消登記

09 □□□　地上権者の死亡により地上権が消滅する旨の登記
がされている地上権について、地上権者が死亡した場合
には、その地上権の登記の抹消の申請は、その死亡を証
する情報を提供して、所有権の登記名義人が**単独**です
ることができる。

→ 2 **1** 「原則」　　　○

10 □□□　抵当権の登記名義人の所在が知れないときは、被
担保債権が消滅したことを証する情報として、**債権証書
並びに被担保債権及び最後の2年分の利息その他の定期
金の完全な弁済があったことを証する情報**を提供し、加
えて登記義務者の**所在が知れないことを証する情報**を提
供すれば、**単独**で抵当権設定の登記の抹消を申請するこ
とができる。

→ 2 **2** ②　　　○

11 □□□　抵当権の登記名義人の**所在が知れない場合**におい
て、債権の弁済期から**20年を経過**したときは、所有権
の登記名義人は、申請情報と併せて、**弁済期を証する書
面及び供託書正本**を提供すれば、**単独**で抵当権の設定の
登記の抹消を申請することができる。

→ 2 **2** ③　　　×
所在不明証明情報が
必要

12 □□□　転抵当権や確定後の根抵当権の登記についても、
債権の弁済期から20年を経過し、登記義務者が行方不
明である場合には、不動産登記法第70条第4項後段の
規定による抹消の対象となるが、**譲渡担保や仮登記担保
の登記**は、その対象とならない。

→ 2 **2** ③　　　○

13 □□□　登記権利者は、共同して登記の抹消の申請をすべ
き法人が解散し、相当の調査が行われたと認められるも
のとして法務省令で定める方法により調査を行ってもな
おその法人の清算人の所在が判明しないためその法人と
共同して抵当権の登記の抹消を申請することができない
場合において、**被担保債権の弁済期から20年を経過**し、
かつ、その法人の**解散の日から20年を経過**したときは、
単独で当該登記の抹消を申請することができる。

→ 2 **3**　　　×
解散の日から30年
の経過が必要

除権決定による登記の抹消における特則として、①存続期間（買戻特約につい
ては買戻期間）が登記されている権利（配偶者居住権は除く）に関する登記に
ついて、登記記録上その存続期間等が満了しており、②相当な調査を行っても
なお共同して登記の抹消の申請をすべき者の所在が判明しないときも、その者
の所在が知れないものとみなされます（70Ⅱ）。

2 単独申請の特則

1 死亡等により権利が消滅したときの登記手続

前 提	権利が人の死亡によって消滅する旨が登記（付記登記）されていること ＊ 所有権についても、「権利の消滅に関する定め」の登記が可能 （昭 39.12.15 民甲 3957 通、昭 32. 9.21 民甲 1849 回参照）
原 則	登記権利者は、単独で当該権利の登記の抹消を申請することができる (69)
例 外	当該権利が所有権の場合は、共同申請により、所有権移転登記をする （大判大 3. 8.24）

2 登記義務者の所在が不明の場合

場 面	添付情報と論点
①除権決定による場合 (70 Ⅰ、Ⅲ)	❶ 除権決定があったことを証する情報 ・ ❶においては、「公示催告の申立てをしたことを証する情報」を提供するわけではない
②被担保債権の消滅を証明した場合 (70 Ⅳ前)	❶ 債権証書並びに被担保債権及び最後の2年分の利息等の完全な弁済があったことを証する情報 ❷ 登記義務者の所在が知れないことを証する情報
③休眠担保権を抹消する場合 (70 Ⅳ後)	❶ 被担保債権の弁済期を証する情報 ❷ ❶の弁済期から 20 年を経過した後に当該被担保債権及び利息等の全額に相当する金銭が供託されたことを証する情報 ❸ 登記義務者の所在が知れないことを証する情報 ・ 転抵当権・元本確定後の根抵当権の登記にも当規定が適用されるが、譲渡担保や仮登記担保の登記には適用されない ・ ❸の情報は、登記義務者の登記上の住所に宛てた被担保債権の受領催告書が到達しなかったことを証する情報で足りる ・ 根抵当権の登記において登記上から元本確定の旨が明らかでないときは、根抵当権設定の日から3年を経過した日が元本確定日とみなされ、これが債権の弁済期とされる ・ 相続関係が不明な場合も「所在が知れない」に含まれ、当規定が適用される

3 解散した法人の担保権に関する登記の抹消

　登記権利者は、共同して登記の抹消の申請をすべき法人が解散し、相当の調査が行われたと認められるものとして法務省令で定める方法により調査を行ってもなおその法人の清算人の所在が判明しないためその法人と共同して先取特権、質権又は抵当権に関する登記の抹消を申請することができない場合において、被担保債権の弁済期から 30 年を経過し、かつ、その法人の解散の日から 30 年を経過したときは、単独で当該登記の抹消を申請することができる (70 の 2)。

Q 抵当権設定登記の登記原因に関して、「債務弁済契約」が認められないのに対し、「債務承認契約」が認められるのは、なぜでしょうか？

A **債務弁済契約**は、債務の弁済方法を定めたものにすぎません。そのため、原契約である金銭消費貸借契約から独立した新たな契約であると見ることができないので、これを登記原因として抵当権設定登記を申請することはできません。

これに対し、**債務承認契約**は、残存債務額を確定させ、新たに遅延損害金の約定をする等、準消費貸借に類似した契約を締結したことになります。そのため、原契約上の債権とは別個の新たな債権が生じたものと見ることができるので、これを登記原因として抵当権設定登記を申請することができます。

Q p57の「3 **2** 根抵当権との比較」に関して、なぜ抵当権と根抵当権で結論が反対となるのでしょうか？

A **抵当権の債務者が変更しても抵当権の被担保債権（担保額）は変わりません**。そのため、債務者変更の登記においても、抵当権設定登記のように印鑑証明書の提供を要求して登記申請の意思確認を入念に行う必要はありませんし、債務者を設定者である株式会社の代表取締役とする変更も、代表取締役個人の債務を担保することにはならないため、利益相反取引に当たりません。

これに対して、**根抵当権の債務者が変更する**と、被担保債権に変更が生じるため、**新たな設定の実質を有する**と捉えられます。そのため、債務者変更の登記では、設定登記と同様に印鑑証明書の提供が要求されますし、債務者を設定者である株式会社の代表取締役とする変更も、代表取締役個人の債務を担保することになるため、利益相反取引に当たります。

Q p58の問21に関して、なぜ民法376条1項の規定する「同一の債務者」には、債務者だけでなく、第三取得者も含まれるとされているのでしょうか?

A 民法376条1項が「同一の債務者」と規定する趣旨は、設定者が自己の意思とは無関係に他人の物上保証人となること(**不測の物上保証**)は設定者に酷であり、これを防止することにあります。

抵当不動産の第三取得者に対する一般債権者への**抵当権の譲渡・放棄**であれば、現在の所有者である第三取得者としては、自己の債務が担保されることになるため、不都合は生じません。そのため、**第三取得者も含まれる**とされているのです。

これに対して、**抵当権の順位譲渡・順位放棄の登記**は、当事者の債務者が異なる場合であっても、することができるとされています(昭30. 7.11民甲1427回)。順位譲渡等の場合、受益者となるのは、抵当不動産上に既に後順位で担保権を有している債権者であることから、不測の物上保証とはならないため、被担保債権の債務者の異同を問わず、順位譲渡等をすることが認められているのです。

第3編

根抵当権に関する登記

●体系MAP

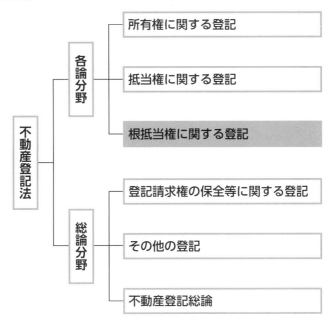

		所有権に関する登記
不動産登記法	各論分野	抵当権に関する登記
		根抵当権に関する登記
	総論分野	登記請求権の保全等に関する登記
		その他の登記
		不動産登記総論

第1章　根抵当権設定登記

01 □□□　根抵当権者が数人ある根抵当権の設定の登記を申
　　　　　請するときは、当該**根抵当権者ごとの持分**を申請情報の
　　　　　内容として提供しなければならない。

→**1** ▶3　　　　✕

02 □□□　Aを所有権の登記名義人とする甲土地について、
　　　　　Bを根抵当権者とする根抵当権の設定の登記を申請する
　　　　　場合において、登記原因証明情報である根抵当権設定契
　　　　　約証書に、被担保債権として**「令和5年6月6日リース
　　　　　取引等契約」**との表示がされているときであっても、**「令
　　　　　和5年6月6日リース取引等契約」**を当該根抵当権の範
　　　　　囲として登記を申請することはできない。

→**2** 💬　　　　✕

03 □□□　担保すべき債権の範囲を**「保証委託取引・債務者
　　　　　の不法行為に基づく損害賠償債権」**とする根抵当権の設
　　　　　定の登記の申請は、することができる。

→**2**　　　　✕
「保証委託取引」は債
権の範囲とすること
ができる

04 □□□　根抵当権設定の登記を申請する場合において、担
　　　　　保すべき債権の範囲に**「令和5年7月1日債権譲渡（譲
　　　　　渡人株式会社甲）に係る債権」**を含めることはできるが、
　　　　　「債権譲渡取引」を含めることはできない。

→**2** ▶4　　　　○

1 申請書のポイント

登記の目的	根抵当権設定
原　　　因	○年○月○日設定 ▶1
極　度　額 ▶2	金 1,000 万円
債権の範囲	金銭消費貸借取引
確 定 期 日	○年○月○日
債　務　者	B
根抵当権者	A ▶3
設　定　者	B

▶1　根抵当権は一定の範囲に属する不特定の債権を担保するものであるため、抵当権のように被担保債権の発生原因を記載するわけではない。

▶2　**極度額、債権の範囲、債務者**は絶対的登記事項であり、**確定期日**は任意的登記事項である。

▶3　共有根抵当権であっても、**持分の記載は不要**である（昭 46.10. 4民甲 3230 通）。

2 債権の範囲で主に登記できないもの

【根抵当権における債権の範囲で主に登記できないもの】 ▶4

一定の種類の取引により生ずる債権	委託加工取引	商取引	手形小切手取引
	委託販売取引	商社取引	問屋取引
	債権譲渡取引	商品委託取引	根抵当取引
	債務引受取引	商品取引	**リース取引**
特定の原因に基づき継続して発生する債権	債務者の不法行為に基づく損害賠償債権		

▶4　一定の範囲に属する**不特定債権**と併せてであれば、特定債権を債権の範囲に加えることが認められる。

根抵当権では、「債務者との特定の継続的取引契約によって生ずる債権」を債権の範囲とすることができるが、この場合にいかなる名称で契約をするのかは、原則として当事者の自由です。「年月日○○契約」なら基本的に○Kと覚えておきましょう。

01 □□□ 根抵当権の（①極度額の増額、②元本の確定期日）の変更登記は、元本確定**前**においては申請することができるが、元本確定**後**には申請することができない。

→**1**「変更可能な時期」　②

02 □□□ 元本の確定前において根抵当権の（①担保すべき**債権の範囲**を拡大する、②**債務者**をAからA及びBとする）変更の登記の申請をする場合、当該根抵当権より後順位に抵当権の設定の登記がされているときであっても、その者の承諾を証する情報を提供する必要はない。

→**1**「利害関係人の承諾」　①　②
承諾不要

03 □□□ ＡＢが根抵当権者である共有根抵当権につき、**Aのみの債権の範囲を変更**する登記の申請は、根抵当権設定者及びAが共同してしなければならない。

→**2**▶2　×
ＡＢが権利者となる

04 □□□ A所有の土地にBのために根抵当権の設定登記がされている場合において、当該根抵当権の（①債務者をAからA及びCへ変更する、②確定期日を令和3年3月31日から令和4年3月31日に変更する）登記を申請するときは、**Bが登記権利者、Aが登記義務者**となる。

→**2**「債務者の変更」、「元本確定期日の変更」　①　②
①②とも、原則どおりBが権利者

05 □□□ Aが所有する不動産にB銀行株式会社を根抵当権者とする根抵当権の設定の登記がされていた場合において、当該根抵当権がC銀行株式会社に全部譲渡され、同時に、AとC銀行株式会社との間で、債権の範囲を**「銀行取引」**から**「手形貸付取引」に変更**する契約がされたときは、当該根抵当権の変更の登記の申請においては、Aが権利者、C銀行株式会社が義務者となる。

→**2**▶3①　○
根抵当権者が義務者になる

06 □□□ 根抵当権の被担保債権の範囲を**証書貸付取引**及び**当座貸越取引**から**銀行取引に変更**する根抵当権の変更の登記の登記義務者は、その根抵当権の目的である不動産の所有権登記名義人である。

→**2**▶3　○

1 変更契約に基づく根抵当権の変更の比較

○：必要　×：不要 ランク A

	債権の範囲	債務者	元本確定期日	極度額
変更可能な時期	元本確定前			元本確定前・後
登 記 の 要 否	元本確定前に登記をしなければ、効力を生じない			―
利害関係人の承諾	×	×	×	○ ▶1

▶1　この承諾は、**実体上の効力発生要件であり**（民398の5）、承諾を証する情報は添付情報となる（令7Ⅰ⑤ハ）。また、登記は**常に付記登記で実行**される。

2 根抵当権の変更登記における申請人の分配 （昭46.12.24民甲3630通）ランク A

		権利者	義務者
債権の範囲の変更 ▶2	原 則	根抵当権者	設定者
	縮減的変更の場合 ▶3	設定者	根抵当権者
債 務 者 の 変 更	原 則	根抵当権者	設定者
	縮減的変更の場合 ▶4	設定者	根抵当権者
元本確定期日の変更	原 則	根抵当権者	設定者
	確定期日を繰り上げる場合	設定者	根抵当権者
極 度 額 の 変 更	増 額	根抵当権者	設定者
	減 額	設定者	根抵当権者

▶2　共有根抵当権の場合には、そのうちの1人の債権の範囲のみを変更する場合であっても、共有根抵当権者全員が申請人となる（昭46.12.24民甲3630通）。

▶3　①銀行取引を手形貸付取引に変更する場合、②売買取引を電気製品売買取引に変更する場合等（昭46.12.27民三960通）。なお、証書貸付取引及び当座貸越取引を銀行取引に変更する場合は、縮減的変更に当たらない（昭46.12.27民三960通）。

▶4　ex.債務者を「ＡＢ→Ａ（又はＢ）」とする変更。

銀行取引
証書貸付取引　当座貸越取引
手形貸付取引

証書貸付取引、当座貸越取引、手形貸付取引は**銀行業務の一環**であることを理解しておくと、縮減的変更の当否が判断しやすくなりますよ。

07 □□□ **元本の確定前に優先の定めをしたとき**は、元本の確定後であっても、当該定めの登記を申請することができる。

➡**3**「設定・変更が可能な時期」　○

08 □□□ **元本の確定前**に根抵当権の**優先の定めを変更**した場合における変更の登記の申請は、割合の増加する共有者を登記権利者、割合の減少する共有者を登記義務者としてしなければならない。

➡**3**「申請人」　✕

09 □□□ 優先の定めの登記を申請する場合は、当該根抵当権を目的とする**転抵当権の登記**があるときでも、その**登記名義人の承諾**を証する情報を提供することを要しない。

➡**3**「第三者の承諾等」　○

10 □□□ **優先の定め**の登記を申請する場合は、**設定者の承諾**を証する情報を提供しなければならない。

➡**3**「第三者の承諾等」　✕

11 □□□ ＡＢが根抵当権者である共有根抵当権について、ＡがＢに先立って弁済を受けるべき旨の**優先の定めの登記**を申請する場合には、申請情報と併せて、Ａに通知された登記識別情報を提供することを要しない。

➡**3** ▶5
全員の登記識別情報の提供が必要　✕

12 □□□ 優先の定めの変更の登記を申請する場合、当該**優先の定めの登記がされた際に通知**された登記識別情報を提供しなければならない。

➡**3** ▶5
→根抵当権を「取得した際」の登記識別情報　✕

❸ 優先の定め

設定・変更が可能な時期		他の変更と異なり、優先の定めは、**合意が元本確定前にされていれば、登記申請自体は、元本確定後においても可能**
申請人	優先の定め	共有者**全員**による合同申請 ▶5
	優先の定めの変更	**変更によって影響を受けない者を除いた共有者による**（合同申請の実質を有する）**共同申請** ▶5
第三者の承諾等		不　要

▶5　申請人全員の**根抵当権を取得した際の登記識別情報を提供する**（22、令8Ⅰ⑦、昭46.12.24民甲3630通）。

cf.【横断整理】

登記原因が「年月日合意」となるもの	申請構造が（合同申請の実質を有する）共同申請となるもの
① 根抵当権の優先の定め ② 順位変更 ③ 根抵当権の指定根抵当権者・指定債務者の合意	① 根抵当権の優先の定め ② 順位変更 ③ 共有物分割禁止特約による所有権変更

優先の定めは、あくまで**準共有者の間の優先配当の配分の変更にすぎず**、第三者が不利益を受けることはないため、第三者の承諾は不要とされています。

01 □□□　根抵当権の全部譲渡の**契約及び承諾の日がいずれ
も元本確定前の日**であれば、元本確定の登記がされた後
においても、根抵当権の移転の登記をすることができる。

➡1「処分可能な時期」　×

02 □□□　Aがその所有する不動産にBのために根抵当権を
設定し、**Bがその根抵当権についてCのために転抵当権
を設定**している場合において、BがDに対して根抵当権
を（①全部譲渡、②分割譲渡）したことによる登記を申
請するときは、A及びCの承諾を証する情報を提供する
ことを要する。

➡1「同意・承諾」　②
①の場合は設定者A
の承諾のみが必要

03 □□□　**根抵当権が準共有**されている場合において、その
共有者の権利の全部譲渡を共有者以外の者にしたことに
よる根抵当権の共有者の権利の移転の登記を申請すると
きは、設定者の承諾を証する情報に加えて、他の共有者
の同意を証する情報を提供しなければならない。

➡1「同意・承諾」　○

04 □□□　甲・乙不動産に設定されている元本確定前の**共同
根抵当権**を全部譲渡する場合、甲・乙不動産の双方につ
き根抵当権の移転の登記をしなければ、効力が生じない。

➡1「共同根抵当権
の場合」　○

05 □□□　甲建物の根抵当権の登記名義人であるAは、令和
３年７月１日、当該根抵当権を**2個の根抵当権に分割し
て**、その一方をBに譲り渡した。この場合に申請する登
記において、登記原因及びその日付は「**令和３年７月１
日一部譲渡**」となる。

➡2❶　×
登記原因は「年月日
分割譲渡」

06 □□□　根抵当権の分割譲渡による移転の登記は、**主登記**
でされる。

➡2❶ ▶3　○

07 □□□　根抵当権の分割譲渡の登記を申請する場合は、原
根抵当権の**極度額の減額の変更登記**も併せて**申請**しなけ
ればならない。

➡2❶ ▶4　×

08 □□□　根抵当権を甲根抵当権及び乙根抵当権に分割し、
乙根抵当権を譲渡したことによる乙根抵当権の移転の登
記の申請情報の内容として、**甲根抵当権の極度額をも提
供**しなければならない。

➡2❶ ▶4　○

根抵当権の処分があると、「譲受人が債務者に対して有する債権」も担保される
ことになります。このように、根抵当権の処分は**（譲受人のための）根抵当権の
新規設定**の実質を有するため、設定者が不測の損害を被ることのないように、設
定者の承諾が効力要件とされています。

1 根抵当権の処分の比較

○：必要　×：不要

		全部譲渡	一部譲渡	分割譲渡	共有者の権利譲渡
処分可能な時期		元本確定前			
同意・承諾 [▶1]	設定者 💬	○	○	○	○
	利害関係人	×	×	○ [▶2]	×
	他の共有者				○
共同根抵当権の場合		すべての不動産について登記をすることが効力発生要件			

▶1　この承諾は、**実体上の効力発生要件**であるため、登記原因についての第三者の許可等を証する情報として、設定者等の承諾証明情報を提供する必要があり（令7Ⅰ⑤ハ）、登記原因日付にも影響する。

▶2　分割譲渡する根抵当権を目的とする**第三者の権利は消滅する**ため、当該第三者（ex. 根抵当権の転抵当権者等）の承諾証明情報の提供が必要となる（民398の12Ⅱ後、令7Ⅰ⑤ハ）。

2 分割譲渡の登記

ランク B

1 申請書のポイント

> 登記の目的　　1番根抵当権分割譲渡 [▶3]
> 原　　　因　　○年○月○日分割譲渡
> （根抵当権の表示）[▶4]
> ○年○月○日受付　第○○○○号
> 原　　　因　　○年○月○日設定
> 極　度　額　　分割した根抵当権の極度額　金300万円
> 　　　　　　　分割後の原根抵当権の極度額　金700万円
> 債権の範囲　　金銭消費貸借取引
> 債　務　者　　B

▶3　「○番根抵当権移転」と記載しないので注意しよう。分割譲渡の登記は主登記でされるところ（規165Ⅰ）、所有権以外の権利の移転登記だと付記登記でされてしまうおそれがあるからである。

▶4　分割後の根抵当権の内容を表示する。また、原根抵当権の極度額の変更登記は職権でされるところ（規165Ⅳ）、分割後の根抵当権の極度額を明らかにするために、分割譲渡後の極度額も表示する（令別表60申ハ）。

09 ☐☐☐　Ａ及びＢが準共有する根抵当権について、一の申請情報により**分割譲渡**を登記原因として**直ちに**Ａ及びＢ**それぞれ単有**の根抵当権とする旨の登記を申請することはできない。 ➡ 2 2 ① ○

10 ☐☐☐　Ａ名義の根抵当権を、Ａ名義の根抵当権、Ｂ名義の根抵当権及びＣ名義の根抵当権の**3個に分割**しようとする場合、当該登記の申請を一の申請情報によりすることはできない。 ➡ 2 2 ② ○

11 ☐☐☐　根抵当権の**共有者の一人がその権利を放棄**し、他の共有者にその権利が移転した場合において、当該権利の移転の登記を申請するときは、設定者の承諾を証する情報を提供しなければならない。 ➡ 3 1 「承諾・同意」権利放棄の場合 ✕

12 ☐☐☐　Ａ及びＢを根抵当権者とする**共有の根抵当権**において、共有者**Ａの権利の一部に関し、Ｃに対する一部譲渡**を登記原因とする根抵当権の一部移転の登記を申請することができる。 ➡ 3 2 ✕

13 ☐☐☐　Ａ及びＢを根抵当権者とする準共有の根抵当権において、**Ａ及びＢが共同**して、Ｃに対する一部譲渡を登記原因とする根抵当権一部移転の登記を申請することはできない。 ➡ 3 2 ▷ 5 ✕

2 重要先例等

① ＡＢが準共有する根抵当権を分割譲渡により直ちにＡとＢそれぞれの単有の根抵当権とすることはできない（昭46.10.4民甲3230通）。

② 同時に3個に分割して、分割譲渡することはできない（民398の12Ⅱ参照）。

3 根抵当権の共有者の権利の譲渡・放棄　ランク B

1 処分の可否と承諾・同意の要否　　○：可能（必要）　×：不可（不要）

		共有者の権利放棄	共有者の権利譲渡
処分可能な時期	元本確定前	○	○
	元本確定後	○	×
承諾・同意	設 定 者	×	○
	利害関係人	×	×
	共 有 者	×	○

2 重要先例等

元本確定前の根抵当権の準共有者の一人はその権利を一部譲渡や分割譲渡することはできない（昭46.10.4民甲3230通）。

ex. ＡＢの共有根抵当権において、ＡがＣに対して準共有者の権利の譲渡として一部譲渡をすることはできない。▶5

▶5　準共有者ＡＢが共有根抵当権全体をＣに一部譲渡又は分割譲渡することは可能。

分割譲渡は根抵当権を2個に分割して一方を譲渡するものなので、1回の申請では、原根抵当権がＡＢの共有根抵当権となるからです。ＡとＢそれぞれの単有の根抵当権とするためには、「①分割譲渡による登記、②準共有者の権利譲渡（放棄）」による登記の2件の申請による必要があります。

01 □□□　根抵当権の債務者が死亡し、**指定債務者の合意の登記がされないまま6か月を経過**した後に、根抵当権の債権の範囲を変更する契約がされた場合は、その登記の申請をすることができる。

➡1**1**「原則」
元本は確定している

×

02 □□□　元本の確定前に債務者について相続が開始した場合において、相続開始後6か月以内に指定債務者の合意がされているときは、**いつでも当該合意についての登記**を申請することができる。

➡1**1**「例外」
「登記」も6か月以内にする必要がある

×

03 □□□　根抵当権者が死亡した日から**6か月を経過する前**、未だ指定根抵当権者の合意の登記がされていない場合は、全部譲渡の登記の申請をすることができない。

➡1**1** ▶1

○

04 □□□　根抵当権の登記名義人に相続が開始し、共同相続人の中に**自らの相続分を超える遺贈**を受けた者がいる場合には、この者は、相続を登記原因とする根抵当権の移転の登記の申請人とはならない。

➡1**2**❸💡ⅰ 💬

×

05 □□□　確定前の根抵当権の登記名義人に相続が開始した場合において、**遺産分割協議書**に、**相続人の一人が既発生の債権を相続しない旨**が記載されているときは、当該相続人を指定根抵当権者とする合意の登記は、申請することができない。

➡1**2**❸💡ⅰ 💬

×

06 □□□　相続による根抵当権移転の登記がされた後、指定根抵当権者の合意がされたが、合意の登記を申請する前に、**他の事由で元本が確定**した場合であっても、相続開始後6か月を経過する前であれば、指定根抵当権者の合意の登記を申請することができる。

➡1**2**❸💡ⅱ

○

07 □□□　債務者の相続及び指定債務者の合意の登記がされている根抵当権について、**追加担保による根抵当権設定の登記を申請**する場合、その申請情報の内容として被相続人の住所、氏名、死亡年月日を提供する必要はない。

➡1**2**❸💡ⅲ
被相続人の氏名等の提供も必要

×

1 根抵当権者・債務者の相続に関する登記

1 根抵当権者又は債務者に相続が開始した場合の効果

原　則	相続開始時に元本は確定する
例　外	相続開始後6か月以内に指定根抵当権者又は指定債務者の合意の登記をした場合 →　元本は確定しない ▶1

▶1　相続開始から6か月が経過していない根抵当権は、元本が確定しているとも確定していないとも判然としない浮動状態にある。
　　→　元本確定前、又は元本確定後に限ってできる登記は申請できない。

2 指定根抵当権者又は指定債務者の合意の登記

ⓐ 実体事項

事例　債務者Aに相続が開始し、その相続人Bが指定債務者となった場合の被担保債権

① Aの発生させた被担保債権　　　A死亡の時点

② 指定債務者Bの発生させた被担保債権

💡①、②の両方の債権が担保される。

> i　指定根抵当権者の合意の当事者となる相続人全員（＝相続による根抵当権移転登記の申請人）とは、「被相続人の債権を相続する相続人」及び「被相続人の債権を相続しないが、指定根抵当権者となり得る相続人」を指す。💬
> ii　合意の登記をする前（合意自体はされている必要がある）に他の事由で元本が確定した場合であっても、相続開始後6か月以内であれば合意の登記をすることができる。
> iii　合意後に共同根抵当権を設定する場合には、被相続人の氏名・住所、死亡の日を申請情報の内容としなければならない。

> 裏を返せば、①被相続人の債権を相続しない、かつ②指定根抵当権者とならない意思が明らかである場合には、合意の当事者となりませんし、指定根抵当権者にもならないということです。そのため、単に特別受益により、被相続人の債権を相続しないだけの相続人は、上記①しか満たさないため、合意の当事者となりますが、特別受益により、被相続人の債権を相続せず、かつ、特別受益証明書において指定根抵当権者とならないことを明示している場合には、①②の両方を満たすため、合意の当事者となりません。遺産分割協議があった場合も同様の考え方を採ります。

根抵当権者・債務者の相続等に関する登記 ②

08 ☐☐☐ 指定債務者の合意の登記の申請は、**あらかじめ相続による根抵当権の債務者の変更の登記を申請**した後でなければ、することはできない。 → 1 ❷❻① ○

09 ☐☐☐ 債務者の相続を原因とする根抵当権の変更の登記をした場合において、**相続人が1人であることが明らか**なときは、改めて指定債務者の合意の登記を申請することを要しない。 → 1 ❷❻② ✕

10 ☐☐☐ 元本の確定前に債務者が死亡し、未成年の子とその親権者が相続人となり、当該根抵当権の目的である**不動産を子が相続**した場合において、**親権者を指定債務者**とする合意をするときは、その子のために特別代理人を選任しなければならない。 → 1 ❷❻③ ○

11 ☐☐☐ C所有の甲土地にBを債務者、A社を登記名義人とする根抵当権の設定の登記がされている場合において、A社を吸収合併消滅会社、D社を吸収合併存続会社とする**吸収合併**があったときは、Cは、元本の確定請求をし、その**請求の日から2週間を経過**した日を登記原因の日付として、元本の確定の登記を申請することができる。 → 2 ❶「例外」 ✕

12 ☐☐☐ Aが所有する不動産にB社を根抵当権者とする**根抵当権**の設定の登記がされていた場合において、**元本確定前**にB社を吸収分割会社、C社を吸収分割承継会社とする**会社分割**があったときは、B社からC社への会社分割を登記原因とする**根抵当権の一部移転**の登記の申請には、Aの承諾を証する情報を提供することを要しない。 → 2 ❷① ○

13 ☐☐☐ A社を吸収分割株式会社とし、B社を吸収分割承継株式会社とする吸収分割があった場合において、A社を根抵当権者とする**元本確定前の根抵当権**について、会社分割を登記原因とするB社への根抵当権の一部移転の登記を申請するときは、登記原因証明情報として、会社分割の記載があるB社の登記事項証明書又は会社法人等番号を提供すれば足り、**分割契約書**を提供することを要しない。 → 2 ❷① ○

❻ 登記手続に関する注意点

① 合意の登記は、相続を原因とする**根抵当権の移転又は債務者の変更の登記**をした後でなければすることができない (92)。

② 根抵当権者（又は債務者）の相続人が**1人の場合であっても**、根抵当取引を継続させるためには、**指定根抵当権者（又は指定債務者）の合意及びその登記を必要とする** (登研369参照)。

③ 未成年者である子が設定目的物を相続し、指定債務者をその親権者とする合意をする場合は、**特別代理人の選任を要する**。

2 | 根抵当権者・債務者の合併等に関する登記 ランク B

1 根抵当権者又は債務者に合併等 ▶2 が開始した場合の効果

原 則	元本は確定しない
例 外	合併等があったことを設定者が知った日から**2週間**、かつ、合併等の効力発生日から**1か月**を経過するまでに元本確定請求 ▶3 → **合併等の効力発生日**に元本が確定したものとみなされる

▶2 「合併等」とは、合併又は会社分割を表す。

▶3 **債務者兼設定者**に合併等があった場合には、設定者による元本確定請求が認められない。

2 重要先例等

> ① 元本確定前の根抵当権につき、会社分割を登記原因とする根抵当権一部移転登記を申請する場合、登記原因証明情報として**分割契約書の提供は不要** (平17.8.8民二1811通)。また、**設定者の承諾証明情報の提供も不要** (登研640)。▶4
>
> ② 元本確定前の根抵当権において、根抵当権者を分割会社とする会社分割があった場合には、分割契約（計画）書において、根抵当権の帰属や被担保債権の範囲についてこれと異なる定めがされている場合であっても、**いったん会社分割による根抵当権一部移転登記を申請した上で、所要の登記を申請する** (平13.3.30民二867通)。
>
> ③ 元本確定前の根抵当権の債務者を分割会社とする会社分割があった場合には、分割契約（計画）書において、根抵当権の債務についてこれと異なる定めがされている場合であっても、**いったん会社分割による根抵当権変更登記を申請した上で、所要の登記を申請する** (平13.3.30民二867通)。

▶4 **元本確定後**の根抵当権について、会社分割を登記原因とする根抵当権移転登記を申請する場合は、分割契約（計画）書の提供が必要となる。

01 □□□ 元本の確定の登記は、**根抵当権設定者が登記権利者**、根抵当権者が登記義務者として申請する。 ➡1 **1** ○

02 □□□ 元本の確定の登記の申請情報の内容として、確定時における**債権額**を提供することを要しない。 ➡1 **1** ▶1 ○

03 □□□ 甲・乙不動産に**共同根抵当権**の設定の登記がされている場合には、甲不動産についてのみ元本の確定事由が生じたときでも、乙不動産についても元本の確定の登記を申請することができる。 ➡1 **2**「共同根抵当権」 ○

04 □□□ 根抵当権が共有に係る場合には、**共有者の一人のみについて確定の事由が生じても**、元本確定の登記を申請することはできない。 ➡1 **2**「共有根抵当権」 ○

05 □□□ 根抵当権の**一部譲渡を受けた者**を債権者とする**差押えの登記**がされている場合は、**根抵当権の元本の確定の登記がされていなくても**、債権譲渡を原因とする第三者への根抵当権の移転の登記を申請することができる。 ➡1 **2** ▶3 ○ 根抵当権者による競売の申立ての場合は元本確定登記が不要

06 □□□ **債務者が2名**登記されている根抵当権につき、一人の債務者について**相続が開始した後6か月を経過した**が、指定債務者の合意の登記がされなかった場合、債権の範囲の変更の登記を申請することはできない。 ➡1 **2**「共用根抵当権」 ×

07 □□□ **法人**である根抵当権設定者が**破産手続開始の決定**を受けた場合において、その根抵当権の取得の登記の申請と併せて申請するときは、根抵当権の登記名義人は、根抵当権設定者について破産手続開始の決定があったことを証する情報を提供して、**単独**で、根抵当権の元本の確定の登記を申請することができる。 ➡1 **3**③ ○

08 □□□ 根抵当権の**設定者が**元本の確定を請求した場合の根抵当権の元本の確定の登記の申請は、元本の確定を請求したことを証する情報を提供して、根抵当権者が単独ですることができる。 ➡1 **3**①参照 × cf. 根抵当権者が確定請求した場合

これは、**元本が確定したことを前提とした取引**がされていた場合に、元本は確定したままの扱いとする民法398条の20第2項ただし書の作用を利用して、元本確定登記が抹消されることのない状況を作り上げるものです。

1 元本確定登記

1 申請書のポイント

登記の目的	○番根抵当権元本確定
原　　因	○年○月○日確定 ▶1
権 利 者	B 〔設定者〕
義 務 者	A 〔根抵当権者〕

▶1　確定時における債権額の記載は不要である。

2 重要知識

共同根抵当権	共同根抵当権の一つの不動産について元本確定事由が生じたときは、他の不動産についても元本が確定する（民398の17Ⅱ）▶2
共有根抵当権	共有根抵当権の準共有者の一人に元本確定事由が生じた場合でも、根抵当権全体としては、元本確定しない ▶3
共用根抵当権	債務者が複数の根抵当権の場合、債務者の一人に元本確定事由が生じた場合でも、根抵当権全体としては、元本確定しない（登研515）

▶2　ただし、元本確定を登記記録上明らかにするためには、共同担保関係にある他の不動産について、元本確定登記を申請する必要がある（登研373）。

▶3　例外：根抵当権の一部譲渡を受けた者（根抵当権準共有者）がした根抵当不動産についての競売の申立ては、民法398条の20第1項1号の確定事由に該当する（平9.7.31民三1301回）。

3 根抵当権登記名義人による元本確定登記の単独申請

（63条1項、93条、民398条の19第2項、民398条の20）

	登記原因証明情報	当該根抵当権又はこれを目的とする権利の取得の登記と併せてすること
① 根抵当権者からの確定請求による場合	確定請求をしたことを証する情報（令別表61添）	不　要
② 根抵当権者が抵当不動産に対する競売手続の開始又は滞納処分による差押えがあったことを知った時から2週間を経過した場合	民事執行法49条2項の規定による債権届出の催告又は国税徴収法55条の規定による差押えの通知を受けたことを証する情報（令別表62添）	必　要 💬
③ 債務者又は設定者（法人）の破産手続開始の決定により確定した場合 ▶4	債務者又は設定者について破産手続開始の決定があったことを証する情報（令別表63添）	必　要 💬

▶4　設定者が自然人のときは、破産手続開始の登記が嘱託される（破258Ⅰ）ので、登記記録上元本の確定が明らかとなるため、元本確定登記は不要である。

09 □□□　元本の確定すべき期日が定まっていない場合において、（①根抵当権者、②根抵当権設定者）が根抵当権設定の時から4年を経過した後に**元本確定の請求**をした場合、その請求が到達した時から2週間を経過しなければ、元本の確定の登記を申請することができない。

➡1 **4**③⑤「確定時点」　②

10 □□□　**根抵当権者自身の申立て**により競売手続が開始され、差押えの登記がされたときは、根抵当権の担保すべき元本の確定の登記を受けなければ、根抵当権の順位の譲渡の登記を申請することはできない。

➡1 **4**⑥　　×

11 □□□　順位1番でAを登記名義人とする根抵当権の設定の登記がされている場合において、目的不動産に対して順位2番で設定の登記がされている**抵当権者Bによる差押えの登記**がされているときは、Aの根抵当権の元本が確定していることは、登記記録上明らかである。

➡1 **4**⑨　　×

12 □□□　A所有の甲土地とB所有の乙土地にAを債務者とする**共同根抵当権**の設定の登記をした後、Aが破産手続開始の決定を受け、甲土地につき破産手続開始の登記がされた場合に、乙土地について、債権譲渡を登記原因として根抵当権の移転の登記を申請するときは、その前提として、元本の確定の登記をしなければならない。

➡1 **4**⑩　　○
共同根抵当権は一つの不動産につき確定すれば全体が確定

13 □□□　根抵当権**設定者**である（①自然人、②法人）が**破産手続開始の決定**を受けた場合には、当該根抵当権の元本は法律上当然に確定するが、代位弁済を原因として当該根抵当権の移転の登記を申請するときは、前提として、元本の確定の登記を申請することを要する。

➡1 **4**⑩⑪　　②

4 元本確定事由等 (民398条の6、398条の8、398条の9、398条の10、398条の19、398条の20)

○：必要　×：不要

	確定事由 💬	確定時点	確定登記
①	確定期日の到来	確定期日	×
②	根抵当権者・債務者が死亡し、相続開始後6か月以内に指定根抵当権者・指定債務者の合意の登記がされない場合	**相続開始の時**	× ▶5
③	設定者の確定請求 ▶6	確定請求が根抵当権者に到達してから2週間経過時	○
④	合併等があった場合における設定者の確定請求	合併等の効力発生時	○
⑤	**根抵当権者**の確定請求 ▶6	確定請求の時	○
⑥	**根抵当権者**による競売、担保不動産収益執行の申立て及び手続が開始したとき	申立ての時	×
⑦	根抵当権者が物上代位による差押えを申し立てたとき	申立ての時	○
⑧	根抵当権者が滞納処分による差押えをしたとき	差押えの時	×
⑨	**第三者**による競売手続開始又は滞納処分による差押えがあったことを根抵当権者が知った時から2週間経過したとき	**根抵当権者が知った時から2週間経過時**	○
⑩	設定者の破産手続開始決定　設定者が**自然人**	開始決定の時	×
⑪	設定者の破産手続開始決定　設定者が**法人**	開始決定の時	○
⑫	債務者の破産手続開始決定	開始決定の時	○

▶5　根抵当権者又は債務者について相続による移転又は変更の登記がされたことが前提。

▶6　【確定請求の要件】

設定者の確定請求	根抵当権者の確定請求
①　確定期日のない根抵当権であること ②　根抵当権の設定契約の時から**3年**を経過したこと	確定期日のない根抵当権であること

登記記録上、元本確定が明らかである場合には、登記記録から登記官が元本の確定を確認することができるため、元本確定登記を申請する必要がなく、そのまま元本の確定を前提とした登記を申請することができます。元本確定登記が不要とされている事由があるのはそのためです。

14 ☐☐☐ 根抵当権の**極度額の変更**の登記の申請は、**元本確定後**は、することができない。 → 2 **1**「極度額の変更」 ✕

15 ☐☐☐ **元本の確定前**の根抵当権について、被担保債権について第三者による**免責的債務引受**があった場合には、「年月日変更」を登記原因として債務者の変更の登記を申請することができる。 → 2 **1**「債務引受」 ✕

16 ☐☐☐ **確定前**の根抵当権について、被担保債権が譲渡されても、**債権譲渡**を登記原因とする根抵当権の移転の登記を申請することはできない。 → 2 **2**「債権譲渡・代位弁済」 〇

17 ☐☐☐ **元本確定前**の根抵当権については、**順位を譲渡**する登記の申請はすることができないが、**順位変更**の登記は申請することができる。 → 2 **2**「順位譲渡・順位放棄」、「順位変更」 〇

18 ☐☐☐ **元本確定前**の根抵当権を目的とする**転抵当権**の設定の登記は、申請することができない。 → 2 **2**「転抵当」 ✕

元本確定後の根抵当権は、通常の抵当権と同様の扱いがされます。すなわち、**付従性**と**随伴性**が認められるため、被担保債権が弁済されれば根抵当権が消滅し、被担保債権の債権譲渡・債務引受・更改があれば根抵当権が移転します。また、民法376条1項による処分（譲渡・放棄・順位譲渡・順位放棄）ができるようになります。一方、**元本確定前の根抵当権の固有の変更や処分**をすることはできなくなります。すなわち、債権の範囲の変更・債務者の変更・確定期日の変更や、根抵当権の全部譲渡・一部譲渡・分割譲渡ができなくなるのです。これらは、根抵当権に付従性・随伴性がないことを前提に認められたものだからです。

2 元本確定後の登記

1 変更登記の可否

申請する登記	登記の可否	
	確定前	確定後
極度額の変更	○	○
債権の範囲の変更	○	×
債務者の変更	○	×
債務引受	×	○

2 処分の登記の可否

申請する登記	登記の可否	
	確定前	確定後
全部譲渡・一部譲渡・分割譲渡	○	×
債権譲渡・代位弁済	×	○
転抵当	○	○
順位譲渡・順位放棄	×	○
順位変更	○	○
債権質入れ ▶7	○	○

▶7 根抵当権者とその債権者が、債権者の債権を担保するため、根抵当権の被担保債権について質権を設定する契約をした場合には、根抵当権の債権質入れの登記を申請する。

3 抹消登記の可否

申請する登記	登記の可否	
	確定前	確定後
弁 済	×	○
解 除	○	○

01 ☐☐☐ 同一の登記所の管轄に属する甲・乙不動産を目的として**共同根抵当権の設定**の登記を申請する場合、各根抵当権の（①被担保債権の範囲、②債務者、③極度額、④確定期日、⑤優先の定め）は同一でなければならない。

➡**1**①
確定期日、優先の定めは同一でなくてもよい

① ② ③

02 ☐☐☐ 甲・乙不動産について、同一の債権を担保するために共同根抵当権設定契約を締結し、根抵当権の設定の仮登記をした場合において、これらの仮登記を本登記とするときは、**共同根抵当権の設定の登記として**申請することができる。

➡**1**②（登研527）
cf. 共同根抵当権設定の仮登記の申請は受理されない（昭47.11.25民甲4945回）

○

03 ☐☐☐ 甲土地について設定の登記がされた根抵当権の**元本が確定した後**に、乙土地について同一の債権を被担保債権とする根抵当権の設定の契約をしたときは、乙土地について甲土地と共同根抵当権とする根抵当権の設定の登記を申請することができる。

➡**1**③

×

04 ☐☐☐ 根抵当権の**債務者**が住所を変更した場合、抵当権の場合とは異なり、債務者の住所の変更の登記をしなければ、当該根抵当権に他の不動産を**追加設定**する登記の申請をすることはできない。

➡**2**「前提登記」

○

05 ☐☐☐ **共同根抵当権**の目的である不動産の**一部について**極度額の増額による変更の登記の申請をする場合において、共同担保となっている他の不動産に他の登記所の管轄に属するものがあるときは、その登記に関する登記事項証明書を提供することを要する。

➡**2**▶2
cf. 根抵当権の追加設定登記

×

06 ☐☐☐ **甲不動産及び乙不動産**について**共同担保として**根抵当権設定の登記をした後、**甲不動産のみ**についての**追加担保**として、丙不動産についての根抵当権設定の登記を申請することはできない。

➡**3**①

○

07 ☐☐☐ 甲・乙不動産の根抵当権が**共同担保の関係にない**場合において、丙不動産に根抵当権を設定し、甲・乙・丙不動産の根抵当権を**共同担保の関係にする**登記の申請は、することができない。

➡**3**②▶5

○

共同根抵当権においては、前の登記に他の登記所の管轄にある不動産に関するものがある場合、各不動産に設定される根抵当権の4要素（**根抵当権者・債権の範囲・債務者・極度額**）が完全に一致していなければならないところ、追加設定の登記を申請する場合には、4要素が一致していることを立証するために、前に登記がされた**不動産の登記事項証明書（前登記証明書）**を提供しなければなりません。

1 共同根抵当権の追加設定の要件 (民398条の16、平元.9.5民三3486回) 〔ランク A〕

> ① 既設の根抵当権と極度額、債権の範囲、債務者、根抵当権者が同一であること
> ② 設定と同時に共同担保である旨の登記をすること ▶1
> ③ 既設の根抵当権の元本確定前であること

▶1 設定と同時に、共同担保である旨の登記をする必要があるため、累積根抵当及び共同根抵当相互間の変更・更正登記は認められない (登研315、407)。

2 追加設定の要件①について 〔ランク A〕

【登記申請の際の注意点】

登記事項証明書 (令別表56 ロ添)	追加設定の登記申請の際には、前の登記に他の登記所の管轄区域内にある不動産に関するものがあるときは、当該前の登記に関する登記事項証明書の提供を要する ▶2
前 提 登 記 (登研325)	根抵当権の追加設定登記申請書に記載すべき極度額、債権の範囲又は債務者の表示が前の登記におけるものと一致しない場合には、あらかじめ前の登記の当該登記事項につきその変更登記をしなければならない ▶3

▶2 cf. 共同根抵当権の極度額の変更登記を申請する場合は、登記事項証明書の提供は不要である。

▶3 前の登記の債務者の住所について、地番変更を伴わない行政区画の変更がされているときは、追加設定の前提として、前の登記の債務者の住所変更の登記を申請することを要しない (平22.11.1民二2759通)。

3 追加設定の要件②について ○:できる ×:できない 〔ランク B〕

① 甲土地・乙土地に共同担保の登記がある場合に丙土地を甲土地又は乙土地のみの追加担保とする登記	× ▶4
② 甲土地・乙土地に共同担保の登記がない場合に丙土地を甲土地及び乙土地の追加担保とする登記	× ▶5

▶4 丙土地を甲土地及び乙土地の追加設定として、甲土地・乙土地・丙土地の3つの土地を共同担保とすることはできる。

▶5 丙土地の追加設定で甲土地・乙土地・丙土地の3つの土地を共同担保とすることもできない。

4 共同根抵当権における処分・変更 (民398条の17) 〔ランク B〕

○:すべての不動産についてその登記をしなければ効力を生じない
×:登記は対抗要件にすぎない

処 分				変 更				
全部 譲渡	一部 譲渡	分割 譲渡	転抵当	債権の 範囲	債務者	極度額	確定 期日	優先の 定め
○	○	○	×	○	○	○	×	×

よくある質問 Q&A ── 根抵当権に関する登記

Q 根抵当権の債権の範囲の種類がよくわかりません。

A ① 債務者との特定の継続的取引契約によって生ずる債権
「特定の継続的取引契約」とは、ある特定の日に債権者－債務者間で締結された具体的な継続的取引契約を指します（民398の2Ⅱ前）。契約の名称だけでなく、契約の成立年月日をもって債権の範囲を特定します。
② 債務者との一定の種類の取引によって生ずる債権
「一定の種類の取引」とは、債権者と債務者との意思に基づいて行われる債権、債務の発生原因である行為をいいます（民398の2Ⅱ後）。①のような当事者間で締結された具体的な特定の契約を前提とするものではないため、その取引の種類を限定的に示し、かつ、その取引の内容を第三者が客観的に認識できるものでなければなりません。
③ 特定の原因に基づいて債務者との間に継続して生ずる債権
「特定の原因」とは、債権者・債務者間の取引以外の債権発生原因をいいます（民398の2Ⅲ）。その債権発生の原因を特定するに足りる事項をもって債権の範囲を特定します（ex.甲工場の廃液による損害賠償債権）（昭46.10.4民甲3230通）。
④ 債務者との取引によらないで取得した手形上又は小切手上の請求権、電子記録債権
⑤ 上記の各不特定債権と共に、担保すべき債権の範囲として定めた既発生の特定債権（昭46.10.4民甲3230通）
特定債権のみを被担保債権とする根抵当権を設定することはできませんが、一定の範囲に属する不特定の債権とセットであれば、特定債権を債権の範囲とすることができます。

Q 根抵当権の処分で設定者の承諾が要求されるのは、なぜでしょうか？

A 全部譲渡等の根抵当権の処分があると担保される債権が、**譲受人が債務者に対して有する債権**にガラッと変わります。このように、全部譲渡など元本確定前の根抵当権の固有の処分は、（譲受人のための）根抵当権の新規設定の実質を有します。そのため、設定者が不測の損害を被ることのないよう、設定者の承諾が効力発生要件として要求されています（民398の12Ⅰ）。

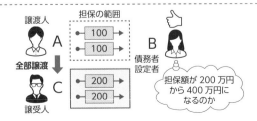

登記請求権の保全等に関する登記

●体系MAP

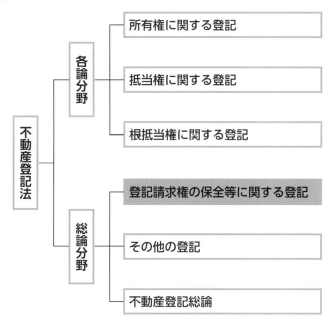

01 □□□ 「Aは、Bに対し、別紙目録記載の土地を金1,000万円で**売り渡す**」旨の和解調書を提供して、Bは、単独で所有権の移転の登記を申請することができる。

→**1 ⓐ** ①
「登記手続をする」という内容が必要 ✕

02 □□□ A所有の建物についてB名義で所有権の保存の登記がされた場合において、**所有権の保存の登記の抹消手続をBに対して命ずる確定判決**をAが得たときは、Aは、単独でその登記の抹消を申請することができる。

→**1 ⓐ** ▶1 ◯

03 □□□ 甲不動産が原告Aの所有であることを**確認する旨の判決**が確定した場合には、Aはその判決により、単独で甲不動産についてされている被告名義の所有権の保存の登記の抹消を申請することができる。

→**1 ⓐ** ③ ✕

04 □□□ 登記申請手続を命じた**仮執行宣言付き**の給付判決に基づき、登記権利者は、単独でその登記を申請することはできない。

→**1 ⓐ** ▶2 ❹ ◯

05 □□□ 家庭裁判所での離婚訴訟における判決中に、不動産の**財産分与を命ずる**主文も併せてある場合には、必ずしも登記手続を命ずるものでなくても、判決による登記における「判決」となる。

→**1 ⓐ** ① ✕

06 □□□ 登記手続の請求を認諾する旨が記載された調書に基づいて登記権利者が単独で登記を申請するには、その認諾調書に**執行文**の付与を受けなければならない。

→**1 ⓑ** 「原則」 ✕

07 □□□ 農業委員会の**許可を条件として**所有権の移転の登記手続を命ずる判決に基づいて登記権利者が単独で登記を申請する場合には、農業委員会の許可を証する情報を提供しなければならない。

→**1 ⓑ** 「例外」①
農業委員会の許可を証する情報は執行文付与の申立時に提出する ✕

08 □□□ **原告の代金の支払と引換え**に所有権の移転の登記手続を命ずる判決が確定した場合、**執行文**を得ずに、単独でその登記の申請をすることができる。

→**1 ⓑ** 「例外」② ✕

■ 判決による登記の「判決」に関する論点

ⓐ 63条1項の「判決」の要件

	要　件	備　考
①	一定の登記申請手続を命じていること ▶1	意思表示擬制の強制執行 (民執177)
②	確定していること ▶2	仮執行宣言付判決　→　✕
③	給付判決であること	確認判決、形成判決　→　✕

▶1　A所有の建物についてB名義で所有権保存登記がされた場合において、所有権保存登記の**抹消手続をBに対して命ずる確定判決**をAが得たときは、Aは単独でその登記の抹消を申請することができる (昭28.10.14民甲1869通)。

▶2　確定判決と同一の効力が与えられているものでもよい。

判決と同一の効力を有するもの	判決に準じないもの
①諾諾調書　②和解調書　③調停調書 ④家事事件手続法による審判等	❶公正証書　❷仮処分命令 ❸転付命令　❹仮執行宣言付判決

ⓑ 執行文付与の要否 (民執177条1項)

原　則	不　要　∵　債務名義成立時に、登記申請意思が擬制されるため
例　外	以下3つの場合は**必要**　∵　**執行文付与時**に、登記申請意思が擬制されるため
	①　債務者の意思表示が、**債権者が証明すべき事実の到来に係る場合** ex. 原告が、農地法所定の許可を得て、被告所有の農地の所有権移転登記を申請する場合
	②　債務者の意思表示が、**反対給付との引換えに係る場合** 💬
	③　債務者の意思表示が、**債務の履行その他の債務者の証明すべき事実のないことに係る場合** ex. 被告が○月○日までに金○円を支払わなかったときに、登記手続を命ずる場合

この場合、「反対給付があったことを証する書面」は**裁判所書記官**に執行文付与の申立てをする際に提供するのであって、登記所に**登記申請の際に提供するわけではない**ことに注意しましょう。上記例外① ex. の農地法の許可書に関しても同じ要領になります。

09 □□□　判決の主文又は理由中に**農地法所定の許可を得ている旨の記載がある場合**であっても、判決による登記の申請書には農地法の許可書を添付しなければならない。 ➡**❶ⓒ①**　✕

10 □□□　農地法第３条の許可を条件にＡからＢへの所有権移転の登記を命ずる判決による登記を申請する場合、**登記記録上の地目が宅地に変更されているとき**は、執行文の付与を受けなくても、ＡからＢへの所有権の移転の登記を申請することができる。 ➡**❶ⓒ②**　✕

11 □□□　ＡからＢ、ＢからＣへといずれも売買による所有権移転があった場合において、主文に登記原因を明示してＡから直接Ｃへの所有権移転登記を命ずる判決があったときは、それにより直接ＡからＣへの所有権の移転の登記の申請をすることができるが、申請書には**ＡＢ間及びＢＣ間の登記原因及びその日付**を記載しなければならない。 ➡**❶ⓓ**「判決主文にある」　✕

12 □□□　ＡからＢ、ＢからＣへといずれも売買による所有権移転があった場合において、**主文に登記原因を明示しないで**、ＡからＣへの所有権の移転の登記手続を命ずる判決があったときは、Ｃはこれに基づいて、単独で所有権の移転の登記を申請することはできない。 ➡**❶ⓓ**「判決主文にない」　✕

13 □□□　被相続人から不動産を買い受けた者は、**共同相続人の一人の者に対して、登記手続を命ずる確定判決に基づき**、単独で所有権の移転の登記を申請することはできない。 ➡**❶ⓕ**　○

14 □□□　売買を原因とする所有権の移転の登記手続を命ずる判決において、**売買日付が主文にも理由中にも表示されていない場合**には、登記原因及びその日付を「年月日判決」として登記の申請をすることができる。 ➡**❷**「判決中に売買時期の記載がない」登記原因は「年月日不詳売買」　✕

ⓒ 農地に対する判決による登記の申請に関する先例

① 判決の主文又は理由中に農地法所定の許可を得ている旨の記載がある場合、判決による登記の申請書には、**農地法所定の許可書の添付は不要である**（平6.1.17民三373回）。

② 農地法の許可を条件に所有権移転登記手続を命ずる判決の確定後、地目の現況が非農地へと変更している場合においても、**地目変更の事実を証する書面等を添付して申請することはできず**、**執行文の付与された判決正本を添付すべきである**（昭48.11.16民三8527回）。

ⓓ 判決による登記の中間省略登記の可否

登記原因の明示	可　否
判決主文にある	判決理由中からA→B、B→C（設問11の場合）のいずれの登記原因及び日付が判明する場合であっても、判決主文にある登記原因のとおり申請する（昭35.7.12民甲1580回）
判決主文にない	判決の理由において、中間及び最終の登記原因に相続又は遺贈若しくは死因贈与が含まれない場合 → 理由中にある**最終の登記原因及びその日付をもって、申請することができる**（昭39.8.27民甲2885通）

ⓔ 登記義務者の登記権利者に対する判決の登記

登記権利者が登記の申請に協力しない場合には、**登記権利者を被告**として、登記手続を命ずる判決を求める訴えを提起し、**登記義務者が単独で登記を申請することができる**（63 Ⅰ）。

ⓕ 登記義務者の相続人の一人に登記手続を命ずる判決があった場合

被相続人から不動産を買い受けた者は、共同相続人のうちの一人に対して、登記手続を命ずる確定判決に基づいて、単独で所有権移転登記を申請することはできない（昭33.5.29民甲1086回）。

＊　登記義務は不可分に帰属するため、相続人全員を被告にする必要がある。

② 登記原因に関する注意点 ^{ランク}B

判決中に売買時期の記載がない	判決中に登記原因の記載がない
年月日不詳売買	○年○月○日判決

15 ☐☐☐ AからBへの所有権の移転の登記手続を命ずる判決が確定したが、その訴訟の**口頭弁論終結前**に売買を原因とするAからCへの所有権の移転の登記がされている場合には、Bは、Cに対する承継執行文の付与を受けて判決によるCからBへの所有権の移転の登記を申請することができる。

➡**3**「口頭弁論終結前の承継人」　✕

16 ☐☐☐ **口頭弁論終結後**その判決による登記申請がされるまでの間に、**登記権利者**について包括承継又は特定承継があっても、承継執行文の付与を受ける必要はない。

➡**3**「口頭弁論終結後の承継人」①　○

17 ☐☐☐ A所有の不動産についてBへの所有権の移転の登記手続を命ずる判決が確定した後、その判決に基づく登記の申請をする前に、Aが死亡し、AからCへの相続による所有権の移転の登記がされている場合、Bは、この判決に**Cに対する承継執行文の付与**を受けて、**CからB**への所有権の移転の登記を申請することができる。

➡**3** ▶4　○

18 ☐☐☐ AからBへの所有権の移転の登記手続を命ずる判決が確定したが、その訴訟の**口頭弁論終結後に、AがC**に当該不動産を売却し、AからCへの所有権の移転の登記がされている場合には、Bは、Cに対する承継執行文の付与を受けて判決によるCからBへの所有権の移転の登記を申請することができる。

➡**3**「口頭弁論終結後の承継人」②「特定承継があった場合」　✕

19 ☐☐☐ AからBへの所有権の移転の登記手続を命ずる判決が確定したが、その訴訟の**口頭弁論終結後にBがC**に当該不動産を売却した場合には、Cは、承継執行文の付与を受けて、当該判決によるAからCへの所有権の移転の登記を申請することができる。

➡**3** ▶3　✕

20 ☐☐☐ 判決に基づく所有権の移転の登記を申請する場合には、登記義務者の**登記識別情報、印鑑証明書**を提供することを要しない。

➡**4**「登記識別情報」、「印鑑証明書」　○

21 ☐☐☐ 判決による所有権の移転の登記を申請する場合には、**登記権利者の住所を証する情報**の提供を要しない。

➡**4**「住所証明情報」　✕

22 ☐☐☐ 判決の主文が「原告が被告に対して金1,000万円を支払ったときは、被告は、原告に対し、別紙物件目録記載の土地につき、所有権の移転の登記手続をせよ」と命じている場合には、**執行文が付与された当該判決の正本**が登記原因証明情報となる。

➡**4**「登記原因証明情報」　○

3 登記申請における承継執行文の要否 ランク A

			結　論
口頭弁論終結前の承継人 （権利者、義務者問わず）			訴訟承継、訴訟参加の問題であり、承継執行の問題ではない
口頭弁論終結後の承継人	① 登記権利者	一般承継があった場合	承継執行文は不要
		特定承継があった場合	承継執行文は不要 ▶3
	② 登記義務者	一般承継があった場合　相続登記完了	承継執行文の付与を受けて**承継執行できる** ▶4
		相続登記未了	承継執行文の付与を受けて**承継執行できる** ▶5
		特定承継があった場合	執行文の付与を受けて承継執行することは不可 ∵ 民法 177 条の対抗問題

第4編　登記請求権の保全等に関する登記

（①の事例）
被　告 ❶売買→ 原　告　❷承継↓　承継人

（②の事例）
被　告 ❶売買→ 原　告　❷承継↓　承継人

▶3　承継執行文を得たとしても、代位登記によらずに**直接特定承継人名義**にすることは、中間省略登記に当たり認められない（昭 44. 5. 1民甲 895 回）。

▶4　この場合、既にされている相続登記を抹消することなく、便宜上、**相続人から登記権利者に直接権利移転の登記**をすることができる（昭 37. 3. 8民甲 638 回）。

▶5　ただし、登記上の名義人と判決正本に記載された被告の表示に不一致がないため、形式的審査権の建前から、承継執行文の付与を受けなくても申請は受理される。

4 添付情報に関する注意点 ランク B

登記原因証明情報	執行力のある判決書正本（令 7 Ⅰ⑤ロ(1)）▶6 （又は執行力のある確定判決と同一の効力を有するものの正本）
登記識別情報	不　要
印鑑証明書	
住所証明情報	必　要（令 7 Ⅰ⑥、令別表 30 添ハ、昭 37. 7.28 民甲 2116 通）
一般承継証明情報	必　要 ▶7

▶6　判決による場合は、併せて確定証明書も提供しなければならない。

▶7　**判決理由中**で被告が登記名義人の**相続人全員**であることが明らかな場合は不要（令 7 Ⅰ⑤イ、登研 548 等参照）。

01 □□□　抵当権者は、債務者の住所に変更が生じた場合には、抵当権設定者である所有権の登記名義人に代位して、**債務者の住所の変更の登記**を単独で申請することができる。

→ 1 **2**　✕
抵当権者を登記権利者とし、抵当権設定者を登記義務者とする共同申請が必要

02 □□□　仮登記権利者は、仮登記義務者の仮登記の申請に関する承諾書を代位原因証明情報として、仮登記義務者である所有権の**登記名義人の住所の変更**の登記を申請することができる。

→ 1 **2** ▶ 1 ①　○

03 □□□　表題部にAが所有者として登記されている場合、Aの債権者Bは、Aに代位して**所有権保存の登記**を申請することができる。

→ 1 **2** ▶ 1 ②　○

04 □□□　共同相続人のうちの一人に対する債権者は、その債権を保全するため、代位により（①債務者である**相続人の持分**についてのみ、②**法定相続分**による共同相続人名義の）相続の登記を申請することができる。

→ 1 **2** ▶ 1 ③　②

05 □□□　土地の買主から賃借権の設定を受けた賃借権者は、**当該賃借権について登記をする旨の特約がなくても**、当該買主に代位して、土地の売主と共同して当該土地の所有権の移転の登記を申請することができる。

→ 2 **1**　✕
被保全債権である登記請求権がない

06 □□□　AからBへ不動産が売却されたが、登記名義はAのままであるときは、Bの債権者Cは、当該不動産を差し押さえるために、**Bに代位してAと共に**AからBへの所有権移転の登記を申請することができる。

→ 2 **2**　○

07 □□□　AからB、BからCへと順次不動産が売却されたが、登記名義はAのままであるときは、Cは、**Bに代位してAと共に**AからBへの所有権移転の登記を申請することができる。

→ 2 **2**　○

08 □□□　抵当権者が抵当権の実行としての**競売を申し立て**るに当たり、目的不動産の（①所有者の相続登記、②表示の変更登記）を代位申請する場合には、代位原因を証する情報の提供を要しない。

→ 2 **2**　②

代位による登記は、**債務者の本来するべき登記を債権者が債務者に代わってするもの**なので、本来、被代位者が単独申請ですべき登記は、代位者による単独申請で行い、本来、被代位者が他方当事者と共同申請ですべき登記は、代位者が他方当事者との共同申請で行います。

1 総　説

① 代位による登記申請の意義

　代位による登記の申請は、**登記の連続性原則**により、債権者が実現すべき登記の前提として必要な登記を、債務者の助力なしに実現する手段である。ただし、代位による登記の申請は、申請人の資格についての特則を定めたものにすぎないため、**単独申請、共同申請の別は、被代位者である債務者に準じる。**🗨

② 申請構造の比較

代位の対象となる登記の申請構造	代位登記の申請構造
債務者（被代位者）の単独申請	代位者の単独申請▶1
債務者（被代位者）と他方当事者の共同申請	代位者と他方当事者の共同申請

▶1　①登記名義人氏名等変更（更正）登記、②所有権保存登記、③法定相続分による共同相続人名義の相続登記等。

2 代位による登記の手続要件

① 被保全債権の存在

　代位による登記を申請するには、被保全債権が存在する必要がある。

② 保全の必要性

設問 06、07【所有権の移転】

　AからBへの所有権移転登記がされない限り、設問 06 においては差押登記の嘱託が、設問 07 においてはBC間の所有権移転登記の申請が、嘱託（申請）情報の登記義務者の記載と登記記録との不合致により却下されてしまう（25 ⑦）。よって、Cには自己の登記を実現するための、代位による登記申請の必要性が認められる。

設問 08【抵当権】

事　　例	代位原因証明情報
抵当権の登記名義人が、その抵当権の目的となっている不動産の所有権の登記名義人に代位してその**不動産の表示の変更登記**を申請する場合（昭 35. 9.30 民甲 2480 通）	不　要▶2
抵当権設定登記がある不動産の所有権登記名義人について相続が開始した後、当該抵当権の登記名義人が、相続人に代位して相続登記を申請する場合（昭 62. 3.10 民三 1024 通）	競売申立受理証明書

▶2　ただし、申請情報に「代位原因を証する情報は年月日受付第○号をもって本物件に抵当権設定済みにつき提供省略」との記載が必要である。

09 ☐☐☐　表題登記のみがされている敷地権付き区分建物を表題部所有者が売却すると共に、売買代金を担保するために買受人との間で抵当権設定契約を締結した場合において、買受人が当該区分建物について所有権の保存の登記をしないときは、表題部所有者は、**買受人に代位**して、**買受人名義の所有権の保存の登記**を単独で申請することができる。

昭63. 1.19民三325回　✕

10 ☐☐☐　不動産の売主が買主に対して**当該不動産の売買代金債権以外の債権を有している場合**であっても、売主は、買主に代位して、当該売買による所有権の移転の登記を申請することができない。

➡ 2 ③① cf.　✕

11 ☐☐☐　根抵当権設定者の根抵当権者に対する元本の確定請求によって元本が確定した後、当該根抵当権の被担保債権を**代位弁済**した者は、**根抵当権者に代位**して、元本の確定の登記を単独で申請することができる。

➡ 2 ③②
確定判決を得ることが必要　✕

12 ☐☐☐　不動産の所有権がAからB、BからC、CからDへと順次移転した場合、Dは、**CがBに代位してAからBへの所有権移転の登記を請求し得る権利を代位行使して**、Aを登記義務者として、その登記の申請をすることができる。

➡ 2 ③③　○

13 ☐☐☐　**代位原因を証する情報**は、公正証書等の公務員が職務上作成したものに限られ、**私文書**を代位原因を証する情報として提供した登記の申請は、却下される。

➡ 3 ▶3　✕

❸ その他の代位登記の可否

① **登記義務者（売主）に登記権利者（買主）が代位することの可否**
　　不動産の買主が、その売買契約によって生じた売主に対する**登記請求権**を被保全債権として、登記義務者たる売主の登記申請権を代位行使して、自己のために所有権移転登記を申請することは**できない**。🗨
　cf. 不動産の売主が買主に対してその売買代金債権**以外**の債権を有する場合、売主は、その債権を被保全債権として、買主の有する登記申請権を代位行使することができる（昭 24. 2.25 民甲 389 通）。

② **登記義務者に代位することができる例外的場面**
　　根抵当権の元本確定後に、代位弁済を原因として根抵当権の移転登記を申請する場合に、根抵当権設定者がその前提となる元本確定の登記申請に協力しないときは、**代位弁済者**は、**根抵当権者に代位**して根抵当権設定者に対する**元本確定の登記手続**を命じる確定判決を得て、単独で元本確定登記を申請することができる（昭 55. 3. 4民三 1196 回）。

③ **代位権の代位行使の可否**
　　不動産の所有権がAからB、BからC、CからDへと順次移転した場合、Dは、CがBに代位してAからBへの所有権移転登記を請求し得る権利を代位行使して、Aを登記義務者として、AからBへの所有権移転登記の申請をすることができる。

第４編　登記請求権の保全等に関する登記

3 代位原因を証する情報　ランク B

代 位 原 因	代位原因を証する情報 ▶3
① 年月日売買の所有権移転登記請求権	売買契約を証する情報
② 年月日仮差押命令の仮差押登記請求権	**仮差押命令正本**（昭 24. 2.25 民甲 389 通）
③ 年月日設定の抵当権設定登記請求権	抵当権設定契約を証する情報
④ 年月日設定の抵当権に基づく物上代位	**登記事項証明書又は照会番号**（昭 43. 5.29 民甲 1834 回）
⑤ 年月日設定の抵当権の実行による競売	**競売申立受理証明書**（昭 62. 3.10 民三 1024 回）
⑥ 年月日金銭消費貸借の強制執行 ▶4	金銭消費貸借契約の成立を証する情報

▶3　代位原因証明情報は、**私文書**でもよい（昭 23. 9.21 民甲 3010 通）。
▶4　金銭債権を保全する場合でも、代位原因を証する情報の一部として債務者の無資力を証する情報の提供を要しない。

これを認めると、登記権利者と登記義務者の共同申請によって登記の真正を担保するという共同申請主義が骨抜きにされるからです。そのため、抵当権者は、債務者の住所に変更が生じた場合であっても、設定者である所有権の登記名義人に代位して、**債務者の住所変更による抵当権変更の登記**を単独で申請することは**できません**（昭 36. 8.30 民三 717 回）。

01 □□□　Aの債権者BがAの持分につき処分禁止の仮処分の命令を得て、その旨の登記がされた場合であっても、Aがその持分をCに譲渡したことによる**持分の移転の登記の申請**は、することができる。

→ 1 **1**「効力」　〇

02 □□□　**処分禁止の仮処分の登記**を嘱託する場合、債権者が2人以上あるときは、登記記録に持分の記録がされる。

→ 1 **1** ▶1　✕

03 □□□　被相続人A名義で登記されている不動産に関して、共同相続人の一人Bの持分について処分禁止の仮処分の登記をするには、その**前提として、相続登記**がされていなければならない。

→ 1 **2**①　〇

04 □□□　Aから買い受けた不動産の所有権の移転の登記をする前にAが死亡した場合において、買主がAの相続人Bに対して処分禁止の仮処分を得たときには、その仮処分決定の債務者の表示及び仮処分の登記の嘱託情報の登記義務者の表示が「Aの相続人B」となっているときは、**相続の登記をしなくても**仮処分の登記の嘱託をすることができる。

→ 1 **2**②　〇

05 □□□　保全仮登記の債権額を金2,000万円とすべきところを誤って金1,000万円と登記してしまった場合は、（①申請、②裁判所書記官の嘱託）によってその**更正の登記**をすることができる。

→ 1 **3**「保全仮登記の更正」　②

06 □□□　強制競売による差押えがされている不動産の売却による所有権の移転の登記がされた場合には、**当該差押えの後に登記された抵当権の設定の登記**は、登記官の職権により、抹消される。

→ 1 **3**「強制競売開始決定の差押登記・後れる登記の抹消」　✕

07 □□□　破産手続開始の登記がされている不動産について、破産管財人が裁判所の許可を得て**任意売却**し、その所有権の移転の登記がされた場合には、**当該破産手続開始の登記**は、登記官の職権により、抹消される。

→ 1 **3**「破産手続開始決定の登記の抹消」　✕

1 処分の制限　総論

1 意義及び効力 ▶1

意　義	不動産登記請求権を被保全権利とする仮処分制度
効　力	処分の制限に反する物権変動は、当事者間では有効であり、債権者に対する関係においてのみ無効となる（相対的無効） →　その登記が申請されても受理される

▶1　処分制限の登記における登記権利者が複数いる場合（ex. 地上権設定の保全仮登記における権利者が2人）であっても、嘱託書に登記権利者の持分を記載することを要しない（昭 35. 8.20 民三 842 回）。

2 前提としての相続登記の要否

① 被相続人A名義で登記されている不動産について、共同相続人の一人であるBの持分について処分禁止の仮処分の登記をするには、その前提として、相続登記をしなければならない（昭 49. 2.12 民三 1018 回）。

② Aから買い受けた不動産の所有権移転登記をする前にAが死亡した場合において、買主がAの相続人Bに対し処分禁止の仮処分を得たときには、その仮処分決定の債務者の表示及び仮処分の登記の嘱託書の登記義務者の表示が「Aの相続人B」となっていれば、相続登記をすることなく、その仮処分の登記をすることができる（昭 33.11.14 民甲 2351 通、昭 62. 6.30 民三 3412 回）。

3 処分制限の登記・破産の登記の比較

職権による所有権保存の抹消・更正	保全仮登記の更正	破産手続開始決定の登記の抹消	強制競売開始決定の差押登記・後れる登記の抹消
申　請	嘱　託	嘱　託	嘱　託

08 □□□ 土地の**所有権の割合的な一部**についての移転の登記請求権を保全する**処分禁止の仮処分**に基づき裁判所書記官が嘱託する、当該所有権の割合的な一部についての処分禁止の仮処分の登記は、することができない。

→ **2 1 ⓑ** 「所有権の一部」　　×

09 □□□ 所有権の移転の登記請求権を保全するための処分禁止の登記がされた場合において、仮処分債権者が仮処分債務者を登記義務者として所有権移転の登記を申請するときには、仮処分の登記の後に登記された賃借権の設定の登記を**登記官が職権で**抹消することができる。

→ **2 2 ⓐ**
「申請」が必要　　×

10 □□□ 処分禁止の仮処分の登記と共に**保全仮登記**がされた後に、仮処分債権者が保全仮登記に基づく本登記の申請をする場合は、仮処分債権者が、単独で、処分禁止の登記に後れる第三者の根抵当権の設定の登記の抹消の申請をすることができる。

→ **2 2 ⓑ** 参照
使用収益権を有する
権利でなければ抹消
不可　　×

11 □□□ 処分禁止の仮処分の登記と共に**賃借権の設定の保全仮登記**がされている場合において、仮処分債権者が本案訴訟の判決に基づいて保全仮登記の本登記を申請するときは、単独で、仮処分の登記に後れる（①賃借権、②区分地上権、③不動産質権）の設定の登記の抹消を申請することができる。

→ **2 2 ⓑ①** ▶2　　①

2 処分禁止の仮処分の登記

1 仮処分の執行

ⓐ 総　説

原　則	「処分禁止の登記」（民保53Ⅰ）
例　外	被保全登記請求権が、所有権以外の権利の保存・設定・変更である場合 → 「処分禁止の登記」＋「保全仮登記」（民保53Ⅱ）

ⓑ 一部に処分制限の登記をすることの可否　　　　○：できる　×：できない

土地の一部	所有権の一部
×	○

2 仮処分に後れる登記の単独抹消の要件

ⓐ 「処分禁止の登記」のみがされた場合の要件

仮処分債権者が仮処分債務者を登記義務者として、被保全権利を実現する登記の申請と同時に申請すること（111 Ⅰ、Ⅱ）

ⓑ 「処分禁止の登記」と共に「保全仮登記」がされた場合の要件 （113条）

① 使用収益権を有する権利を被保全権利とする場合で、その被保全権利と抵触する後順位の使用収益権を有する権利があること ▶2 🗨
② 被保全権利を実現する登記の申請と①において対象となる用益権の抹消を同時に申請すること

▶2 【被保全権利と単独抹消の対象となる後順位の権利】　　○：抹消可　×：抹消不可

保全仮登記 ＼ 後順位	地上権	区分地上権	不動産質権	賃借権	地役権
地　上　権	○	×	×	○	×
区分地上権	○	×	×	○	×
不動産質権 (*)	○	×	×	○	×
賃　借　権	○	×	×	○	×
地　役　権	×	×	×	×	×

＊　不動産質権は、「使用・収益しない旨の定め」があるものを除く。

すなわち、**使用収益権が保全仮登記と仮処分に後れる登記でダブるケース**には、邪魔となる仮処分に後れる登記を単独で抹消できるのです。使用収益がダブらないケースは仮処分に後れる登記を単独で抹消できないので注意しましょう。

12 □□□　所有権移転の登記請求権を保全するための処分禁止の仮処分の登記がされた場合、仮処分債権者は、所有権移転の登記と同時に申請することにより、**仮処分の登記前**に設定の登記がされた抵当権の登記名義人を申立人とする競売開始決定に係る差押えの登記を抹消することができる。

→ 2 **2⊙**① ✕
抹消の対象とはならない

13 □□□　仮処分の債権者が債務者を登記義務者とする甲土地についての所有権の移転の登記を申請する場合において、処分禁止の登記に後れる登記の抹消を単独で申請するときは、登記原因証明情報として**仮処分の決定書の正本**を提供しなければならない。

→ 2 **3** ▶4 ✕

14 □□□　仮処分の債権者が債務者を登記義務者とする甲土地についての所有権の移転の登記を申請する場合において、**処分禁止の登記に後れる登記の抹消を単独で申請するとき**は、その旨をあらかじめ当該登記の登記名義人に対して通知したことを証する情報を提供しなければならない。

→ 2 **3** ▶4 ◯

15 □□□　処分禁止の仮処分の登記に**後れる登記の抹消を仮処分債権者が単独で申請する場合**、当該仮処分の登記は（①申請、②登記官の職権、③裁判所書記官の嘱託）により抹消される。

→ 2 **4**① ②

16 □□□　**保全仮登記をした後に本登記をしたときは**、その保全仮登記と共にした処分禁止の登記は、（①申請、②登記官の職権、③裁判所書記官の嘱託）により抹消される。

→ 2 **4**② ②

17 □□□　抵当権の移転の登記請求権を保全するための処分禁止の仮処分の登記がされた場合において、仮処分債権者が抵当権の移転の登記と同時に当該処分禁止の登記に**後れる登記の抹消の申請をしないとき**は、仮処分の登記は（①登記官の職権、②裁判所書記官の嘱託）により抹消される。

→ 2 **4**③ ②

ⓒ 抹消の対象とはならない登記

仮処分の登記より後順位の登記のうち、仮処分に対抗することができることが登記記録上明らかな登記は、抹消の対象とはならない（平2.11.8民三5000通）。

【具体例】

> ① 仮処分の登記の前に登記がされた抵当権の登記名義人を申立人とする競売開始決定に係る差押えの登記（昭58.6.22民三3672通）。
> ② 所有権の処分禁止の仮処分の登記がされた後、仮処分の登記より前に設定登記のされた根抵当権についての移転登記や債権の範囲の変更登記（平9.1.29民三151通）。

❸ 申請書のポイント

事 例 Aを仮処分債権者とする仮処分の登記がB所有の甲土地にされた後、BがCに甲土地を売却して、「B→C」への所有権移転登記がされている場合に、Aが、「B→A」への所有権移転登記を申請するのと同時に、C名義の所有権移転登記を単独で抹消する。

登記の目的	○番所有権抹消
原　　　因	**仮処分による失効** ▶3
義　務　者	C
申　請　人	A
添付情報 ▶4	通知証明情報　代理権限証明情報

▶3　登記原因は「仮処分による失効」と記載するが、登記原因日付は仮処分の登記から明らかであるため、記載は不要である。

▶4　登記原因証明情報の提供は**不要**であるが（令7Ⅲ②〜④）、民保59条1項に規定する**通知をしたことを証する情報**（ex. 内容証明郵便の謄本）を提供する（令別表71添、72添）。

❹ 処分禁止の仮処分の登記の抹消 💬

①	「処分禁止の登記」に後れる登記を抹消したとき（111Ⅲ）	職　権
②	「保全仮登記」に基づく本登記をしたとき（114）	
③	「処分禁止の登記」に後れる登記を抹消しないとき（後れる登記がない場合も含む）（民保規48Ⅰ）	嘱　託 ▶5

▶5　仮処分債権者の申立てにより、裁判所書記官が、処分禁止の登記の抹消を嘱託する。

> ポイントは、**仮処分という切り札を使ったことが登記記録から明らかか？** であり、これが明らかであれば「職権抹消」、明らかでなければ「嘱託抹消」によります。

01 □□□ 所有権の移転の登記をしようとしたが、登記義務者の**登記識別情報**を提供できない場合は、不動産登記法第105条第1号の仮登記を申請することができる。

→ 1 ❶「1号仮登記」① ○

02 □□□ 農地について売買契約を締結したが、**農地法の許可を証する情報**を紛失した場合は、不動産登記法第105条第1号の仮登記を申請することができる。

→ 1 ❶「1号仮登記」② ○

03 □□□ 所有権の移転**請求権を保全**する場合や、**停止条件**が付された抵当権設定契約を締結した場合、不動産登記法第105条**第2号の仮登記**を申請することができる。

→ 1 ❶「2号仮登記」①③ ○

04 □□□ 不動産の売主が直ちに**印鑑証明書**の発給を受けることができないときは、買主は売主の承諾を証する情報を提供して所有権の移転の仮登記を申請することができる。

→ 1 ❶ ▶ 1 ③ ×

05 □□□ **相続**を登記原因とする所有権の移転の**仮登記**を申請するために、「何年何月何日相続を原因とする所有権の移転の仮登記をせよ。」との仮登記を命ずる処分の申立てをすることができる。

→ 1 ❷「所有権」 ×
相続を原因とする仮登記は不可→処分の申立ても不可

06 □□□ 公正証書遺言を登記原因証明情報とし、**遺贈予約**を原因とする所有権の移転請求権の仮登記を申請することができる。

→ 1 ❷「所有権」 ×

07 □□□ **譲渡担保**を原因とする所有権の移転請求権の仮登記の申請は、することができる。

→ 1 ❷「所有権」 ×
原因が譲渡担保予約なら可

08 □□□ 協議離婚の届出前に、**財産分与予約**を原因とする所有権の移転請求権の仮登記を申請することができる。

→ 1 ❷「所有権」参照 ×

09 □□□ **新設分割の予約**を原因とする所有権の移転請求権の仮登記を申請することができる。

→ 1 ❷「所有権」参照 ×

10 □□□ 登記原因を**会社分割**とし、その日付を会社分割の登記の日とする新設分割設立会社への所有権の移転の仮登記は、申請することができる。

→ 1 ❷「所有権」 ○

仮登記は、登記がまだできない場合に、順位を維持するためにするものなので、仮登記で順位を保全する実益がある場合に認められます。よって、**単独申請が可能な登記**は、すぐに登記を申請できるので原則として仮登記ができません。また、**登記が効力発生要件とされているもの**も、仮登記ではその効力が生じないため、その仮登記ができません。

1 総　説

1 仮登記の種類

	申請の要件
1号仮 登記 [▶1]	①　登記識別情報を提供できないとき ②　第三者の許可、同意、承諾を証する情報を提供できないとき
2号 仮登記	①　請求権保全を目的とする場合 　　ex.売買予約を原因とする所有権移転請求権仮登記 ②　始期付き又は停止条件付き、その他将来確定することが見込まれる請求権の保全を目的とする場合 　　ex.始期付きの売買予約を原因とする始期付所有権移転請求権仮登記 ③　権利変動そのものが始期付き又は停止条件付き、その他将来確定することが見込まれるものである場合 　　ex.農地法3条の許可を条件とする条件付所有権移転仮登記

▶1　【1号仮登記の要件に該当しない例】

①　住所証明情報の提供不能（登研 149）
②　登録免許税の調達不能（昭4.10.7民8689回）
③　印鑑証明書の提出不能（昭29.10.5民甲2022通）

2 仮登記の可否 💬

○：可　×：不可

	登　記　原　因		1号	2号
所有権	所有権保存登記の仮登記 [▶2]		×	×
	移　転	相　続	×	×
		遺贈、財産分与、譲渡担保、信託、会社分割、真正な登記名義の回復	○	×
	買戻特約 [▶3]		○	○
担保権	順位変更の仮登記（民 374）		×	×
	共同根抵当権設定の仮登記（民 398 の 16）		×	×
	根抵当権の極度額変更の仮登記（民 398 の 5）		○	○
	根抵当権の元本確定登記 [▶4]		×	×

▶2　表題部所有者以外の者は、仮登記を命ずる処分（108）を得て、所有権保存の仮登記を申請することができる。
▶3　所有権に関する仮登記の申請後でも申請することができる。ただし、本登記の際は、所有権に関する仮登記の本登記との同時申請が必要となる。
▶4　仮登記の根抵当権について元本が確定した場合は、付記登記の本登記で実行される。

11 □□□　仮登記を命ずる処分による仮登記は、仮登記権利者が単独で申請することができる。

➡ 2 **1**「例外」②　○

12 □□□　所有権の移転の仮登記を申請する場合には、仮登記義務者の**登記識別情報**を提供しなければならない。

➡ 2 **2**「登記識別情報」　×

13 □□□　所有権の移転の仮登記を申請する場合、仮登記権利者の**住所を証する情報**を提供することを要しない。

➡ 2 **2**「住所証明情報」　○

14 □□□　仮登記の原因である法律行為について、許可等を要する場合でも、仮登記を申請する際には、**許可等を証する情報**を提供することを要しない。

➡ 2 **2**「承諾証明情報」「原則」　○

15 □□□　根抵当権の一部譲渡の仮登記を申請する場合には、目的不動産の所有権の登記名義人の**承諾を証する情報**を提供しなければならない。

➡ 2 **2**「承諾証明情報」「原則」　×

16 □□□　根抵当権の設定の登記がされた不動産について、当該**根抵当権の極度額増額の予約に基づく根抵当権の変更請求権保全の仮登記**を付記登記でする場合において、利害関係を有する第三者がいるときは、その第三者の承諾を証する情報又は当該第三者に対抗することができる裁判があったことを証する情報を提供しなければならない。

➡ 2 **2** ▶6　なお書き以降参照　○

17 □□□　所有権移転請求権仮登記上の権利の移転についての登記は、当該仮登記に**付記する仮登記**によってする。

➡ 3 **1**「登記の形式」の３段目→本登記　×

18 □□□　条件付所有権移転仮登記の移転請求権保全の仮登記は、当該仮登記に**付記する仮登記**によってする。

➡ 3 **1**「登記の形式」の４段目→仮登記　○

19 □□□　所有権移転仮登記上の権利の移転についての登記を申請する場合には、仮登記名義人の**登記識別情報**を提供することを要しないが、所有権移転請求権仮登記上の権利の移転についての登記を申請する場合には、**登記識別情報**を提供することを要する。

➡ 3 **1**「登記識別情報」の１段目、３段目　○

20 □□□　書面を提出する方法によって所有権移転請求権の仮登記の移転の登記を申請する場合、仮登記名義人の**印鑑証明書**を添付することを要しない。

➡ 3 **1**「印鑑証明書」の３段目→添付必要　×

2 仮登記の申請

1 申請構造

原　則	共同申請（60）
例　外	以下の場合は、仮登記権利者による**単独申請**が認められている（107 Ⅰ） ① 　仮登記義務者の承諾がある場合 ② 　仮登記を命ずる処分がある場合

2 添付情報

登 記 識 別 情 報		不 要（107 Ⅱ）
住 所 証 明 情 報		不 要（昭 32. 7.27 民甲 1430 通）
承諾証明情報 ▶5	原　則	不 要（105 ①、規 178）
	変更・更正 の仮登記	① 　提供がない場合 　→ 　仮登記は**主登記**でされる（66） ② 　提供がある場合、又は利害関係人が存在しない場合 　→ 　仮登記は**付記登記**でされる（66）▶6

▶5 　登記原因について第三者の許可等、登記上の利害関係人の承諾等の両方を含んでいる。

▶6 　当該仮登記に基づいて本登記をする際には、仮登記後に登記上の利害関係人が生じても、その者の承諾を証する情報等の提供を要しない。

　　なお、根抵当権の極度額の変更は常に付記登記でされるため（民 398 の 5）、**仮登記の申請の段階で、登記上の利害関係を有する第三者の承諾を証する情報又はこれに代わる裁判があったことを証する情報の提供が必要**である（令別表 25 添ロ）。

3 仮登記された権利の処分

1 処分の比較 （昭 36.12.27 民甲 1600 通）　　　　　　　　　　　〇：必要　×：不要

対　象	移転原因	登記の形式	登記識別情報	印鑑証明書
所有権移転仮登記（1号）	売買等の確定的移転	主 登 記 の 仮 登 記	×	〇
	売買予約等の仮定的移転	主 登 記 の 仮 登 記	×	〇
所有権移転請求権仮登記（2号）	売買等の確定的移転	付記登記の**本登記**	〇	〇
	売買予約等の仮定的移転	付記登記の仮登記	×	〇

21 □□□　農地法の許可を条件とする**仮登記のされた停止条件付所有権を目的**として、この**条件成就を停止条件とする根抵当権の設定の仮登記**の申請は、することができる。

➡ 3 2 「2号」「条件付仮登記」参照　○

22 □□□　**代物弁済予約**を原因として所有権の移転請求権の仮登記がされている場合において、**売買**を原因とする当該仮登記に基づく本登記を申請するときは、仮登記原因を更正した後でなければすることができない。

➡ 4 1　○

23 □□□　抵当権の設定の仮登記後に、第三者への所有権の移転の登記がされた場合には、当該仮登記に基づく本登記は、現在の所有権の登記名義人を**登記義務者**として申請しなければならない。

➡ 4 2 「所有権以外」「例外」①　×
仮登記義務者も可

24 □□□　放棄を原因として抵当権の設定の登記の抹消の仮登記がされた後、債権譲渡を原因として当該抵当権移転の付記登記がされている場合、仮登記に基づく抹消の**本登記の義務者**は、当該抵当権譲渡人又は譲受人のいずれでもよい。

➡ 4 2 「所有権以外」「例外」②　○

25 □□□　下記登記記録の甲区2番仮登記の**本登記を申請**する場合には、C及びDの承諾を証する情報を提供することを要する。
[登記記録の甲区]
1番　所有権保存 所有者A
2番　所有権移転仮登記　権利者　B
3番　所有権移転　原因　平成30年相続　共有者C・D

➡ 4 2 ▶7　×
C、Dは登記義務者となるため、承諾を証する情報は問題とならない

26 □□□　Aの**抵当権の設定の仮登記後**に、Bの**地上権の設定登記**がされている場合において、Aが当該仮登記に基づく本登記を申請するときは、Bの承諾を証する情報を提供することを要しない。

➡ 4 3 ⓐ　○
利害関係人は所有権の場合のみ存在

所有権に関する仮登記がされた後に、仮登記義務者（所有権の登記名義人）に相続が開始したことにより相続登記がされた場合は、**仮登記義務者の本登記の申請義務も相続人に承継される**ため、この仮登記の本登記を申請するときは、相続による所有権移転登記の登記名義人（仮登記義務者の相続人）を登記義務者として申請します。登記記録問題では登記原因が「相続」とされていないかチェックするようにしましょう。

② 所有権に関する仮登記を目的とする制限物権の設定又は設定予約

設定の対象		条件付設定	設定の予約
1号仮登記		○	○
2号	請求権の仮登記	×	×
	条件付仮登記	○（民129）	○

○：できる
×：できない

4 仮登記に基づく本登記

ランク A

① 仮登記原因と本登記原因の関係

1号仮登記 → 仮登記原因と本登記原因は、日付も含めて同一でなければならない
2号仮登記 → 仮登記原因と本登記原因は、関連するものでなければならない

💡登記原因に同一性又は関連性がない場合には、**本登記を申請する前提**として、仮登記原因を更正する登記を申請しなければならない（昭34.11.13民甲2438通）。

② 登記義務者 （昭37. 2.13民三75回、昭37.10.11民甲2810通）

仮登記された権利			登記義務者
所 有 権			仮登記義務者であった者 [7]
所有権以外	原 則		仮登記義務者であった者 [7]
	例 外		① 設定又は保存の仮登記後、所有権移転登記がされている場合 → **仮登記義務者であった者又は現在の所有権登記名義人** ② 抹消の仮登記後、当該権利の移転登記がされている場合 → **仮登記義務者であった者又は現在の当該権利の登記名義人**

▶7　この者が死亡している場合は、その相続人が本登記の際の登記義務者となる（昭38. 9.28民甲2660通）。

③ 109条1項における利害関係人

ⓐ 前提知識

所有権に関する仮登記に基づく本登記の場合に**のみ**存在する。

ⓑ 利害関係人の一般的判断基準

この利害関係人とは、①**仮登記がされた後に**、②**仮登記義務者を起点として登記又は仮登記を受けた**、③**現に効力を有する登記の名義人**である。

27 □□□　所有権に関する仮登記がされた後に、数次の売買による所有権の移転の登記が連続してされた場合において、当該仮登記に基づく本登記を申請するときは、**現在の所有権の登記名義人のみ**が登記上の利害関係を有する第三者に当たる。 ➡4 **3C②❶、③❹** ○

28 □□□　所有権の移転の仮登記がされた**後に差押えの登記**がされた場合は、当該仮登記に基づく本登記を申請するときは、当該差押債権者の承諾を証する情報を提供することを要する。 ➡4 **3C②❸** ○

29 □□□　所有権に関する仮登記がされた後に、仮登記がされる前から存在する抵当権の登記についての**変更の登記が付記登記でされた**場合において、当該仮登記に基づく本登記を申請するときは、当該抵当権の登記名義人は、登記上の利害関係を有する第三者に該当しない。 ➡4 **3C③❽** ○

30 □□□　**農地法第3条の許可があることを停止条件とする**所有権移転請求権を保全するための**仮登記に基づく本登記**をする場合において、当該許可がある前に売主が死亡していたときは、当該本登記の前提として相続登記をすることを要しない。 ➡4 **4②** ○

31 □□□　Aが所有権の登記名義人である甲土地について、**Aの死亡を始期とする所有権の移転の仮登記がされている**場合において、その後にAが死亡し、当該仮登記に基づく本登記を申請するときは、その前提としてAの相続人への所有権の移転の登記を申請しなければならない。 ➡4 **4③** ×

32 □□□　Aを登記名義人とする所有権移転請求権保全の仮登記のされた**請求権の一部がBに移転した**場合において、当該仮登記に基づく本登記は、A又はBが登記権利者として申請することができる。 ➡4 **5①** ×

● 具体例の検討

○：利害関係人に該当する　×：該当しない

		具 体 例	結論
①		仮登記前に権利取得の登記を受けた者	×
②	仮登記後に権利取得の登記を受けた者	❶ 所有権登記名義人 ❷ 所有権以外の権利の登記名義人 ❸ （仮）差押え・仮処分の登記名義人	○
③		❹ 現に効力を有しない登記の名義人 ❺ 仮登記義務者の相続人 ❻ 仮登記がされた後に、仮登記名義人から権利取得の登記を得た者 ❼ 仮登記前に既に登記されていた所有権以外の権利について、仮登記後に移転その他の登記を受けた者 ❽ 仮登記前に既に登記されていた所有権以外の権利について、仮登記後に権利の変更又は更正の登記を付記登記によって受けた者	×

第4編 登記請求権の保全等に関する登記

4 前提として相続登記が不要の場合

① 仮登記権利者が**仮登記義務者の相続人**を登記義務者として仮登記の本登記を申請する場合（昭 38. 9.28 民甲 2660 通）。

② **農地法の許可を停止条件**とする農地についての**所有権移転仮登記**について、許可書到達前に所有権登記名義人が死亡した場合（昭 35. 5.10 民三 328 回）。

③ 所有権登記名義人の**死亡を始期**とする**始期付所有権移転の仮登記**の本登記を申請する場合（登研 445）。

5 重要先例等

① 所有権移転請求権保全の仮登記の一部移転の登記がされている場合、当該仮登記に基づく本登記は、仮登記権利者のうちの一人から申請することはできず、**仮登記権利者の全員が同時に申請**しなければならない（昭 35. 5.10 民三 328 回）。

② 仮登記がされた仮登記名義人の氏名・住所に変更・錯誤があり、「申請情報に記載する仮登記権利者の氏名・住所」と「登記記録上の仮登記名義人の氏名・住所」が合致しない場合には、本登記を申請する前に**仮登記名義人の氏名・住所の変更・更正の登記を申請**しなければならない（昭 38.12.27 民甲 3315 通）。

仮登記権利者の全員が同時に申請しなければならないとされているのは、登記権利者のうちの一人からの申請を保存行為（民 252 Ⅴ）として認めると、**他方の意思に反して本登記として対抗力を受ける**という不都合が生じてしまうからです。

33 □□□　不動産登記法第105条第1号による所有権の移転の仮登記を、同条第2号の所有権の移転請求権の仮登記とする**更正の登記**を申請することはできない。

➡5①

×

34 □□□　抵当権の設定の仮登記の更正の登記は、本登記でされるため、その申請をする場合には、登記義務者の**登記識別情報**を提供することを要する。

➡5②

×

35 □□□　AからBに対する所有権の移転の仮登記後にされた別個のAからBに対する所有権の移転の登記について、その登記原因が仮登記原因と相関連し、登記上の利害関係を有する第三者が存在しないときは、**仮登記に基づく本登記とする更正の登記**を申請することができる。

➡5③

×

36 □□□　Bを仮登記権利者、Aを仮登記義務者とする所有権移転仮登記がされた後に、仮登記義務者であるAがCに権利を処分している場合、**A及びCのいずれも**、Bと共同して当該仮登記の抹消を申請することができる。

➡6 **1**「原則」参照
現在の登記名義人も仮登記の抹消により登記上利益を受ける

○

37 □□□　条件付所有権仮登記につき売買を原因として付記1号登記により取得した登記名義人は、当該条件付所有権の移転の登記の**抹消を単独で申請**することができる。

➡6 **1**「例外」①参照
当該登記は仮登記ではなく本登記であるため

×

38 □□□　A名義の不動産につき、Bが根抵当権の設定の仮登記を受けている場合には、**Aは**、Bの承諾を証する情報を提供して、単独で当該仮登記の抹消を申請することができる。

➡6 **1**▶8
Aは仮登記義務者

○

39 □□□　仮登記の名義人が、仮登記の抹消を申請する場合は、仮登記名義人の**登記識別情報**を提供しなければならない。

➡6 **2**▶9
「登記識別情報」

○

5 仮登記の変更・更正

ランク **B**

【仮登記の更正等に関する重要先例等】

① 　1号仮登記を2号仮登記に、又は2号仮登記を1号仮登記にする更正は、**認められる**（登研130）。

② 　仮登記の変更・更正の場合も、登記識別情報の提供は**不要**である。

③ 　仮登記に基づく本登記を申請する際に、申請情報に仮登記の表示及びその本登記である旨の記載を欠いていたため、別個の新たな順位番号をもって所有権移転登記がなされてしまった場合、所有権移転登記を仮登記に基づく所有権移転本登記に更正することは**できない**（昭36. 3.31 民甲773回）。

6 仮登記の抹消

ランク **B**

1 申請構造

原　則	共同申請（60）
例　外	以下の場合は、**単独申請**が認められている（110） ① 　仮登記名義人からの単独申請 ② 　仮登記名義人の承諾を得て、登記上の利害関係人からの単独申請 ▶8

▶8 　仮登記の抹消における登記権利者である**仮登記義務者**を含む。

2 注意すべき添付情報

【所有権に関する仮登記の抹消】　　　　　　　　　　　　　○：必要　×：不要

	共同申請	単独申請	
		仮登記名義人による申請	登記上の利害関係人による申請
登記識別情報	○	○ ▶9	×
印鑑証明書	○	○	×
仮登記名義人の承諾を証する情報	×	×	○

▶9 　単独申請であるが、登記識別情報の提供が必要であることに注意（令8 I ⑨）。

　5③の更正登記が認められないのは、**通常の登記と仮登記に基づく本登記とでは登記の実行形式が異なるため**、同一性が認められないからです。

Q 民事執行法では、債務者の給付が反対給付と引換えにすべきものである場合には、条件成就執行文は不要であり、反対給付は執行開始要件にすぎないとされていますが、不動産登記法と扱いが異なるのでしょうか?

A 原則として、反対給付は、**執行文付与**の際には不要で、**執行開始**の際に必要です。これは、双方の履行をできるだけ同時に近づける趣旨です。例えば、「1,000万円の支払いと引換えに甲土地を引き渡せ」というのであれば、甲土地の引渡しの強制執行について、1,000万円の支払いがなくても執行文の付与は受けられますが、いざ強制執行する段階では1,000万円の支払いが必要です。

例外として、債務者の給付が**意思擬制**にかかる場合は、反対給付は**執行文付与**の際に必要になります。不動産登記における判決による登記は、登記義務者の申請意思を擬制するものなので、この例外に該当します。意思擬制は、執行文の付与を受けた瞬間に執行が完了します(その瞬間に債務者の登記申請意思が擬制される)。**執行文の付与**が最終段階であって、その後の**執行開始**というものがないのです。よって、執行文をもらうタイミングで反対給付の履行が必要になります。

Q p105の「3④年月日設定の抵当権に基づく物上代位」とはどのような場面でする登記を指すのでしょうか?

A 例えば、A所有の甲土地とB所有の乙土地についてCを債務者とする共同抵当権の設定登記がされ、乙土地についてのみBを債務者とするDの後順位抵当権の設定登記がされている場合において、乙土地につき抵当権が実行されたときは、Dは、代位によって甲土地に対して、Bの代位弁済による抵当権移転の付記登記を申請することができます。

乙土地の抵当権実行により、Bは第三者弁済をしたことになるため、弁済による代位により、共同抵当権者の有する甲土地上の抵当権を取得します。そして、後順位抵当権者は自己の有する**抵当権に基づく物上代位権**により更に代位することができるのです。

そして、この登記における代位原因は「**年月日設定の抵当権に基づく物上代位**」と表示し、代位原因証明情報として登記事項証明書又は照会番号を提供します。

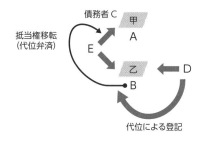

その他の登記

●体系MAP

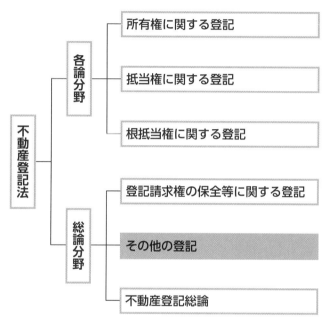

01 □□□　相続が開始したが、相続人のあることが明らかでない場合において、登記名義人の氏名等の変更の登記を申請するときの登記原因の日付は、**相続財産の管理人が選任された日**である。

→ 1 **１**④「原因日付」
被相続人の死亡日
×

02 □□□　登記名義人の氏名の変更の登記の登記原因は、婚姻、離婚等その原因が何であるかを問わず「**氏名変更**」と記録される。

→ 1 **１** ▷ 1
○

03 □□□　登記名義人の氏名等の変更の登記は、登記名義人が**単独**で申請することができる。

→ 1 **２**「申請人」
○

04 □□□　登記名義人が**数回にわたって住所を移転**している場合には、その**最後の住所移転の日付のみ**を登記原因の日付として登記名義人の住所の変更の登記を申請することができる。

→ 1 **２**「住所変更が複数回あった場合」
最後の住所移転のみを登記原因とする
○

05 □□□　同一の登記名義人について、住所移転を登記原因とする登記名義人の**住所の変更の登記**及び氏名の変更を登記原因とする登記名義人の**氏名の変更の登記を一の申請情報で**申請する場合の登録免許税額は、不動産1個につき金2,000円である。

→ 1 **２** ▷ 4
いずれも変更登記なので1,000円
×

06 □□□　（①所有権移転、②抵当権設定、③買戻特約）の登記の**抹消**を申請する場合において、登記名義人の現在の住所と登記記録上の住所が異なるときは、前提として、登記名義人の住所の変更の登記を申請することを要する。

→ 2 ①
①

07 □□□　**相続を登記原因**とする所有権移転の登記を申請する場合において、被相続人の登記記録上の住所が死亡時の住所と相違しているときには、前提として登記名義人の住所の変更の登記を申請しなければならない。

→ 2 ②
×

08 □□□　**遺贈**を原因とする所有権の移転の登記を申請する場合には、遺贈者の登記記録上の住所が死亡時の住所と相違しているときであっても、前提として登記名義人の住所の変更の登記を申請する必要はない。

→ 2 ② ▷ 6
×

1 登記名義人の氏名等の変更登記

ランク B

1 登記名義人の氏名等の変更登記の登記原因及びその日付

	態　様	登記原因	原因日付
①	婚姻による氏の変更 [▶1]	氏名変更	婚姻の日
②	離婚による氏の変更 [▶1]	氏名変更	離婚の日
③	胎児が出生した場合 [▶2]	出　生	出　生　日
④	相続人不存在	相続人不存在	被相続人の死亡日

▶1　氏名変更は離婚等による場合であっても、登記原因は単に「氏名変更」と記載する（昭 54. 9. 4 民三 4503 通）。

▶2　死産であったときは、胎児名義でされた登記の更正又は抹消をする。

2 登記申請手続

申　請　人	登記名義人が単独で申請することができる（64 Ⅰ）
住所変更が複数回あった場合	最後の住所移転の日付のみを登記原因の日付として登記名義人の住所変更の登記を一申請情報申請でできる（昭 32. 3.22 民甲 423 通）[▶3]
氏名・住所の変更・更正の一申請情報申請	同一の登記所の管轄区域内であれば、「登記名義人の氏名・住所の変更登記」及び「登記名義人の氏名・住所の更正登記」を一申請情報申請でできる（規 35 ⑧参照）[▶4]

▶3　これを証する情報は、変更の過程を順次証明するものでなければならない。

▶4　登録免許税は、「氏名」「住所」又は「変更」「更正」でそろっていればまとめて 1,000 円となり、これがそろわない場合は 2,000 円となる（登免税別表 1.1.⑭、昭 42. 7.26 民三 794 通）。

2 登記名義人の氏名等の変更・更正登記の省略

ランク A

【省略が可能な場合】

> ① 所有権以外の権利（仮登記、買戻権を含む）の抹消登記における当該権利の登記名義人（登記義務者）⬜ [▶5]
> ② 相続における移転登記における被相続人 [▶6]

▶5　登記権利者（ex. 抵当権抹消登記の所有権登記名義人）に関しては省略不可（登研 355）。

▶6　遺贈による移転登記に関しては省略不可（昭 43. 5. 7 民甲 1260 回）。

> 例えば、B 所有の甲土地に設定されている A の名義の抵当権の登記を抹消する場合において、登記義務者である抵当権者 A の現住所が登記記録上の住所と異なるときは、住所の変更を証する情報を提供して抵当権者の名変登記を省略することができます。この場合、**抵当権はすぐに抹消される**ことになるので、名変登記をする実益が乏しいからです。

01 □□□　通行**地役権**設定契約に（①存続期間、②地代）の定めがある場合でも、その定めを登記することはできない。

➡1**1**「地役権」
存続期間と対価は地役権の登記事項とならない

①
②

02 □□□　地上権の設定の登記を申請する場合には、**地上権設定の目的**を申請情報の内容としなければならないが、賃借権の設定の登記を申請する場合には、建物所有を目的とする定めがある場合を除き、**賃借権設定の目的**を申請情報の内容とすることを要しない。

➡1**1**「設定の目的」
▶1

○

03 □□□　地上権の設定の登記を申請する場合には、**地代の定め**を申請情報の内容としなければならないが、賃借権の設定の登記を申請する場合には、**賃料**を申請情報の内容とすることを要しない。

➡1**1**「地代等」
地上権：任意的
賃借権：絶対的

×

04 □□□　区分地上権の設定の登記の申請は、同一の土地上に**地上権の設定の登記がある場合**にはすることができない。

➡1**2**ⓐ②1段目

×

05 □□□　Aを賃借人とする**賃借権の設定の登記がされている不動産**について、Bを賃借人とする賃借権の設定の登記を申請することはできない。

➡1**2**ⓐ④

×

06 □□□　地上権の設定の登記がされている場合であっても、その登記に記載された地上権の存続期間が経過しているときは、**その抹消登記をせず**に、同一の土地について、**重ねて**地上権の設定の登記の申請をすることができる。

➡1**2**ⓐ①

×

07 □□□　**共有持分を目的とする**賃借権設定の登記の申請はすることができない。

➡1**2**ⓑ

○

08 □□□　AB共有名義の不動産についてのAの共有**持分を目的とする地上権の設定登記**は、Bの同意を証する情報を提供すれば、申請することができる。

➡1**2**ⓑ

×

09 □□□　地役権が**承役地の一部**について設定された場合、その土地を分筆することなく、地役権の設定の登記の申請をすることができる。

➡1**2**ⓒ「例外」

○

登記記録上、地上権の**存続期間が満了していることが明らか**であっても、その登記を抹消しない限り、新たな地上権設定の登記を申請することはできません（昭37.5.4民甲1262回）。登記には**形式的確定力**があり、登記が存在する以上、**それが有効か無効かを問わず**、その登記を無視して行動することはできないからです。

1 用益権総論

1 用益権の登記事項　　○：絶対的登記事項　△：任意的登記事項　×：非登記事項

	地上権	区分地上権	永小作権	地役権	賃借権	配偶者居住権
設定の目的	○	○	×	○	×　▶1	×
範　　囲	×	○	×	○	×	×
存続期間	△	△	△	×	△	○
地 代 等	△	△	○	×	○	×
支払時期	△	△	△	×	△	×
譲渡転貸禁止特約	×	×	△	×	×　▶2	×　▶3

▶1　借地権の場合は、**目的**が絶対的登記事項となる（81⑥）。

▶2　賃借権の譲渡・転貸を**許す旨**を定めて登記することはできる（81③）。

▶3　居住建物につき第三者の使用・収益を**許す旨**を定めて登記することはできる（81の2②）。

2 用益権設定登記の可否

ⓐ 二重設定登記　　　　　　　　　　　　　　　　　　○：できる　×：できない

①	地上権設定登記がされている土地を目的として、更に**地上権**設定登記をすること（大判明39.10.31）	×
②	地上権設定登記がされている土地を目的として、**区分地上権**設定登記をすること（民269の2Ⅱ参照）	○
	区分地上権設定登記がされている土地を目的として、**地上権**設定登記をすること	×
③	地役権設定登記がされている土地を目的として、更に**地役権**設定登記をすること（昭43.12.27民甲3671回）	○
④	賃借権設定登記がされている土地を目的として、更に**賃借権**設定登記をすること（昭30.5.21民甲972通）	○

ⓑ 所有権の一部を目的とする用益権設定登記

　所有権の一部、共有持分又は共有持分の一部を目的として、用益権設定登記をすることはできない。他の共有者の同意を証する情報を提供しても同様である（登研191等）。

ⓒ 一筆の土地の一部を目的とする用益権設定登記

原　則	不　可
例　外	一筆の土地の一部を**承役地**とする地役権設定登記をすることはできる

10 □□□　ゴルフ場やスキー場の所有を目的として、地上権　➡ 2 **1** ▶ 4　　○
の設定の登記を申請することができる。

11 □□□　存続期間を「永久」として、地上権の設定の登記　➡ 2 **1** ▶ 5　　×
を申請することはできない。

12 □□□　竹木所有を目的として、地下 5 m から地上 15 m　➡ 2 **2** ▶ 6　　○
までを範囲とする区分地上権の設定の登記をすることは
できない。

13 □□□　区分地上権の設定の登記を申請する場合には、地　➡ 2 **2** ▶ 7　　○
上権の目的である地下又は空間の上下の範囲を明確にす
るための図面を提供することを要しない。

14 □□□　階層的区分建物の特定階層を所有することを目的　➡ 2 **2** ▶ 7 参照
とする区分地上権の設定の登記は、申請することができ　昭 48.12.24 民三 9230　○
ない。　　回

15 □□□　地上権の移転の登記は、登記原因の日付を登記記　➡ 2 **3**　　　　×
録上の存続期間経過後の日とするものであっても、申請
することができる。

16 □□□　A 所有の甲土地について B を地上権者とする地上　➡ 2 **4** 「用益権者」　○
権の設定の登記がされた後に、A は D との間で甲土地上
の特定の空間を範囲と定めて区分地上権を設定する旨を
約した。この場合、A 及び D は、B の承諾を証する情報
を提供して、当該区分地上権の設定の登記を申請するこ
とができる。

17 □□□　空間の上下の範囲を定めてする地上権の設定の登　➡ 2 **4** 「不動産質権　×
記を申請する場合には、目的不動産に使用収益をしない　者」「例外」
旨の定めのある質権の登記がされているときであっても、
その質権者の承諾を証する情報を提供しなければならな
い。

2 地上権に関する登記

ランク B

1 地上権設定登記の申請書のポイント

登記の目的	地上権設定
原　　因	○年○月○日設定
目　　的	建物所有 ▶4
存続期間	50年 ▶5
地　　代	1平方メートル1年金○円
支払期	毎年○月○日

▶4　工作物又は竹木を所有するために、その土地を使用する物権である（民265）。
　　＊　「ゴルフ場所有」、「スキー場所有」　→　可（昭47. 9.19民三447回等）

▶5　「永久」と定めることも可能である（大判大14. 4.14）。

2 区分地上権設定登記の申請書のポイント

目　　的	高架鉄道敷設 ▶6
範　　囲	東京湾平均海面の上○メートルから上○メートルの間 ▶7

▶6　工作物を所有するために、その土地を使用する地上権である（民269の2）。

▶7　区分地上権における「範囲」は、空間の上下である。
　　＊　地下又は空間の上下の範囲を明確にするための書面（図面）を提供することを
　　要しない（昭41.11.14民甲1907通）。

3 重要先例（登記記録上の存続期間が満了している地上権移転登記の可否）

　登記記録上の存続期間が満了している地上権について、登記原因日付を存続期間経過後の日とする地上権移転登記申請は受理されない（昭35. 5.18民甲1132通）。
cf. 登記記録上の地上権の存続期間が満了している地上権設定登記のある不動産について、重ねて地上権設定登記をすることはできない（昭37. 5. 4民甲1262回）。

4 区分地上権設定の際の既存の使用収益権を有する第三者等の承諾

(民269条の2第2項)

用益権者		必　要
不動産質権者	原　則	必　要
	例　外	使用収益しない旨の特約がある場合　→　不　要

区分地上権を設定する範囲は、平均海面等を基準にして、**東京湾平均海面の上100メートルから上30メートルの間**の要領で、客観的に明確になるように表示しなければなりません。このように客観的に範囲を表示するため、わざわざ図面で範囲を立証する必要がないのです。

18 □□□　**設定の目的**を「日照の確保のため高さ5メートル以上の工作物を設置しない」とする地役権の設定の登記の申請は、することができない。　➡3 **1**②　×

19 □□□　**承役地の所有者**がその費用をもって**通路の修繕をする義務**を負う特約のある通行を目的とする地役権の設定の登記の申請は、することができる。　➡3 **1**④　○
民法 286 条の定め

20 □□□　地役権の設定の登記を申請する場合において、地役権設定の範囲が承役地の全部であるときは、地役権を設定する**範囲**を申請情報の内容とすることを要しない。　➡3 **1**③ ▶8　×

21 □□□　地役権の設定の登記を申請する場合には、地役権設定の目的及び範囲を申請情報の内容とし、地役権が承役地の**全部又は一部**について設定されたことを示す**地役権図面**を提供しなければならない。　➡3 **1** ▶9　×
全部について設定する場合は不要

22 □□□　承役地についてする地役権の設定の登記には、**登記事項**として登記権利者が記録されない。　➡3 **2**①　○

23 □□□　地役権の設定の登記においては、登記権利者である**地役権者**は登記記録に記録されないため、**申請情報の内容**として登記権利者の表示を提供することを要しない。　➡3 **2**①参照　×
申請情報としては必要

24 □□□　地役権の設定の登記を申請する場合において、要役地の所有権の登記名義人が2人以上あるときは、各登記名義人の**共有持分**を申請情報の内容としなければならない。　➡3 **2**①💡　×
持分の記載は不要

25 □□□　地役権の設定の登記を申請する場合において、要役地と承役地とで登記所の**管轄が異なるとき**は、**承役地を管轄する登記所**に登記を申請した上で、その**登記事項証明書を提供**して要役地を管轄する登記所に対しても登記を申請しなければならない。　➡3 **2**③　×
要役地に関する登記は職権で行われる

26 □□□　地役権の設定の登記がされた**後**、その**要役地について抵当権の設定の登記**がされている場合において、地役権の設定の登記の抹消を申請するときは、当該抵当権の登記名義人の承諾を証する情報又はその者に対抗することができる裁判があったことを証する情報を提供しなければならない。　➡3 **3**❷　○

3 地役権に関する登記

1 登記事項 (80条)　〇：絶対的登記事項　△：任意的登記事項　×：非登記事項

	登記事項	種類	備考
①	要役地	〇	要役地の所在、地番を表示する
②	設定の目的	〇	「目的　電線路の障害となる工作物を設置しない」等
③	範囲	〇	地役権が一筆の土地の全部を目的とする場合 → 「範囲　全部」の要領で特定する ▶8、9
④	特約	△	民法281条1項ただし書の定め、同285条1項ただし書の定め、同286条の定め
⑤	存続期間、対価	×	―

▶8　承役地の全部を目的とする場合であっても、「設定の範囲」を省略することはできない。

▶9　範囲を具体的に明確にした地役権図面の提供が**必要**であるが、地役権設定の範囲が承役地の**全部**の場合は提供**不要**である (令別表35添ロ、規79、80参照)。

2 地役権の登記のポイント

① 　地役権者の氏名及び住所は**登記事項とならない** (80Ⅱ)。
　💡地役権者が2名以上である場合でも、その**持分は登記事項とならない**ため、申請情報の内容とする必要はない。
② 　要役地が他の登記所の管轄区域内にあるときは、添付情報として当該要役地の**登記事項証明書**を提供する (令別表35添ハ)。
③ 　承役地における登記は申請する必要があるが、要役地における地役権の登記は、登記官の職権によって実行される (80Ⅳ)。

3 地役権抹消登記における承諾証明情報の要否 💬

①地役権設定の登記前に要役地にされた抵当権の登記名義人等	②地役権設定の登記後に要役地にされた抵当権の登記名義人等
不　要 (登研466)	必　要 (68、令別表37添ハ)

地役権抹消登記における承諾証明情報の要否の判断では、**地役権を前提に抵当権を取得しているかどうか**がポイントとなります。❶は、地役権が設定される前の土地を目的として抵当権等を取得していたのだから、当初よりも不利な状態にはならず、不利益を受けることがないため、承諾証明情報の提供が不要です。これに対し、❷地役権が設定されている要役地であることを前提に抵当権等を取得しているところ、地役権の登記が抹消されると不利益を受けるため、承諾証明情報の提供が必要です。

第5編　その他の登記

27 □□□　甲土地の賃借権について、「**賃料　乙土地を使用収益**する」として、賃借権の設定の登記を申請することができる。

➡ 4 **1**【賃料の定めの可否】　○

28 □□□　甲・乙2筆の土地を月額**合計**金10万円で賃貸した場合、その旨を賃料として、賃借権の設定の登記を申請することはできない。

➡ 4 **1**【賃料の定めの可否】　○

29 □□□　賃借権設定契約において、譲渡又は転貸を**禁止**する旨の**特約**がされた場合には、これを登記することができる。

➡ 4 **1**③　✕
cf.「許す」旨の特約は登記可

30 □□□　（①**敷金**がある旨、②**建物所有の目的**の定めがあるときはその定め、③賃貸人が**財産の処分の権限を有しない者**であるときはその旨）は、賃借権の設定の登記の申請情報の内容となる。

➡ 4 **1**　①
②
③

31 □□□　賃借地の転貸の登記を申請する場合には、賃借地の転貸ができる旨の登記がある場合を除き、**賃貸人の承諾**を証する情報の提供を要する。

➡ 4 **2**「原則」、「例外」　○

32 □□□　賃借権の譲渡を許す旨の特約がない賃借権が譲渡された後、当該賃借権の譲渡についての賃貸人の承諾がされたときは、賃借権の移転の登記の登記原因の日付は、**賃貸人が承諾した日**である。

➡ 4 **2** ▶10
譲渡契約の日　✕

33 □□□　土地の所有権の登記名義人を権利者とし、建物の所有を目的とする地上権設定の登記の申請は、**他に権利者があり、地上権が準共有となっている**場合はすることができない。

➡ 4 **3ⓐ**　✕

34 □□□　**存続期間を50年**とし、契約の更新及び建物の築造による存続期間の延長がなく、建物の買取りの請求をしないこととする旨の**特約を定めて借地権を設定**した場合には、借地権設定の登記の申請情報と併せて、当該特約の**公正証書の謄本**を提供しなければならない。

➡ 4 **3ⓑ**　✕
「一般定期借地権」

35 □□□　工場として専ら**事業の用に供する**建物の所有を目的とする**存続期間を10年**とする地上権の設定の登記の申請は、地上権設定契約**公正証書の謄本**を申請書に添付してしなければならない。

➡ 4 **3ⓑ**　○
「事業用定期借地権」「23条2項」

4 賃借権に関する登記

1 賃借権に固有の登記事項 (81条)

　①敷金、②賃貸人が財産を処分する権限を有しない者である旨、③賃借権の譲渡・転貸を許す旨の定め、④賃借権の目的（建物所有を目的とする場合）等があり、これらは任意的登記事項である。

【賃料の定めの可否】　　　　　　　　　　　　　　　　　　　　○：可　×：不可

甲土地を使用収益する	10年以後の分については双方協議の上定める	甲土地及び乙土地について合計金○円
○	×	×

2 賃借権の譲渡・転貸借に関する登記 (令別表39添ロ、40添ロ)

原則	賃貸人が賃借権の譲渡等を承諾したことを証する当該賃貸人が作成した情報又はこれに代わる許可の裁判があったことを証する情報の提供が必要 ▶10
例外	賃借権の譲渡、転貸ができる旨の特約が登記されている場合 → 不要

▶10　当該承諾は、譲渡の効力発生要件ではないため（解除原因）、登記原因日付には影響を及ぼさない。

3 借地借家法の適用のある地上権、賃借権に関する登記

❶ 自己借地権設定の可否

　原則として、自己借地権を設定することはできないが、**他の者と借地権を共有するとき**に限り、借地権設定者が自らその借地権を有することができる（借地借家15 I）。

→　登記義務者が同時に登記権利者となる自己借地権の設定の登記申請は、**他に登記権利者があるとき**に限りすることができる（平4. 7. 7民三3930通）。

❷ 特別な借地権の類型及び内容

＊　下記表内の条数はすべて借地借家法

| | 一般定期借地権 (22) | 事業用定期借地権 ▶11 | | 一時使用目的の借地権 (25) |
		23条1項	23条2項	
存続期間	50年以上	30年以上50年未満	10年以上30年未満	制限なし
契約の要件	特約を書面で	設定契約を公正証書で	契約を公正証書で	な　し

▶11　事業用定期借地権は、**事業の用に供する建物の所有を目的とする借地権**であり、居住の用に供される建物（ex.賃貸マンション）所有のために設定できない。

　このように、自己借地権の設定は、例外的に認められています。法律上土地と建物を別個の不動産として扱い、建物を所有する権限として借地権を認めながら、**土地所有者が建物所有者の一人である**という通常起こり得る状況に対応した借地権を認めないのは不都合だからです。

36 □□□ **存続期間を20年とする事業用定期借地権**の設定の　➡️**4 3G**3段目　×
登記を申請する場合、申請情報の内容として、設定の目
的を「借地借家法第23条第2項の建物所有」とし、特
約として「借地借家法第23条第2項の**特約**」と**表示**し
なければならない。

37 □□□　賃借権の先順位抵当権に優先する同意の登記は、　➡️**5 2** ▶️13　○
当該賃借権の設定の登記が**仮登記である場合**であっても、
申請することができる。

38 □□□　賃借権の先順位抵当権に優先する同意の登記の登　➡️**5 2**「申請人」　○
記権利者は、当該賃借権の賃借人であり、**すべての先順**
位抵当権者が登記義務者となる。

39 □□□　先順位抵当権に優先する同意の登記をした賃借権　➡️**5 2** ▶️14　○
の**賃料**が**減額**されたため、当該賃借権の変更の登記の申
請をする場合、先順位抵当権者は、当該賃借権の変更の
登記についての登記上の利害関係を有する第三者に当た
る。

❻ 特別な借地権の登記手続

一般定期借地権（借地借家 22）	目的：建物所有 特約：借地借家法第 22 条の特約
1 項事業用定期借地権 （借地借家 23 Ⅰ）	目的：借地借家法第 23 条第 1 項の建物所有 特約：借地借家法第 23 条第 1 項の特約
2 項事業用定期借地権 （借地借家 23 Ⅱ）	目的：借地借家法第 23 条第 2 項の建物所有 特約：記載の必要なし

5 賃借権の先順位抵当権に優先する同意の登記 _{ランク} B

1 申請書のポイント

登記の目的	3 番賃借権の 1 番抵当権、2 番抵当権に優先する同意
原　　因	○年○月○日同意 ▶12

▶12　抵当権者の同意によって不利益を受ける者がある場合において、その承諾を得られた日が同意の日よりも後の日であるときは、その承諾を得られた日が原因日付となる。

2 登記申請手続 （平 15.12.25 民二 3817 通）

登記の形式	主登記でされる ▶13
申請人	登記権利者：**賃借権者** 登記義務者：**先順位抵当権者全員**
承諾証明情報	抵当権者の同意により不利益を受ける者（ex. 転抵当権者）の承諾証明情報が必要（民 387 Ⅱ、令 7 Ⅰ⑤ハ）▶14
登録免許税	賃借権及び抵当権の件数× 1,000 円（登免税別表 1.1.⑼）

▶13　賃借権が仮登記である場合にも申請できる（登研 686）。

▶14　賃借権の先順位抵当権に優先する同意の登記がされた場合において、**同意を与えた抵当権者**は、その後の賃借権者が登記権利者となる**賃借権変更登記**について、登記上の利害関係を有する第三者に当たる。

> 賃借権の先順位抵当権に優先する同意の登記がされると、同意を与えた抵当権者は後順位抵当権者扱いされるので、賃借人に有利な賃借権変更登記を申請する際の後順位抵当権者と同様、承諾証明情報の提供が必要となるのです。

40 □□□　遺贈により配偶者以外の者が取得した建物を目的として、遺贈により配偶者が配偶者居住権を取得した場合、配偶者居住権の設定の登記をする前提として、**配偶者以外の者への遺贈を原因とする所有権の移転の登記**を申請しなければならない。

→ 6 **1 b**　　　　○

41 □□□　配偶者居住権の登記は、（①存続期間、②第三者に居住建物の使用又は収益をさせることを許す旨の定め）が**必ず登記事項**となる。

→ 6 **1 b** 「絶対的登記事項」、「任意的登記事項」　　①

42 □□□　**存続期間**を（①伸長、②短縮）する旨の配偶者居住権の変更の登記を申請することができる。

→ 6 **1 b** 「絶対的登記事項」「留意点」　　②
存続期間の伸長・更新はできない

43 □□□　配偶者居住権の設定の登記を申請する場合に提供する登記原因証明情報の一部として、配偶者が被相続人所有の建物に相続開始時に居住していたことを証する**住民票の写し**を提供しなければならない。

→ 6 **1 c** 「添付情報」　　×

44 □□□　**配偶者の死亡**により、配偶者居住権が消滅した場合において、配偶者居住権の登記の抹消を申請するときは、配偶者の相続人と居住建物の所有者が**共同して申請**しなければならない。

→ 6 **2** 「申請」　　×
居住建物の所有者の単独申請によることもできる

45 □□□　配偶者居住権者は、**配偶者居住権を譲渡**し、譲受人と共に**配偶者居住権の移転の登記**を申請することができるが、当該登記を申請する場合には、居住建物の所有者の承諾を証する情報を提供しなければならない。

令 2.3.30 民二 324 通　　×
配偶者居住権は、譲渡することができない（民 1032 Ⅱ）

配偶者居住権の登記においては、配偶者居住権の存続期間に関する別段の定めの有無にかかわらず、「配偶者居住権者の死亡時」が存続期間の終期として必ず登記記録に記載されています。これは、配偶者居住権が配偶者の死亡によって消滅する旨が登記されていることになり、これが不動産登記法 69 条の定める「権利が人の死亡……によって消滅する旨が登記されている場合」に当たるため、69 条による単独申請による登記の抹消が可能となっています。

6 配偶者居住権に関する登記

1 設定登記手続

ⓐ 総 説

配偶者居住権が成立した場合、「設定」の登記を申請する。

* 配偶者短期居住権は登記することができない。

ⓑ 登記事項と留意点 (令2. 3.30民二324通)

配偶者居住権設定登記の前提として、居住建物につき「相続」又は「遺贈（死因贈与を含む）」を原因とする配偶者以外の者への所有権移転登記が必要となる。

登記事項		留意点
登記の目的	配偶者居住権設定	∵ 合意による発生と捉える
原 因	・年月日遺産分割 ・年月日遺贈 ▶15 ・年月日死因贈与	・遺産分割の原因日付：協議若しくは調停の成立日又は審判確定日 ・遺贈、死因贈与の原因日付：効力発生日
絶対的登記事項	存続期間 (81の2①)	原則：配偶者の死亡まで 例外：存続期間に関する別段の定めがある場合 (cf. 延長・更新は不可)
任意的登記事項	第三者に居住建物の使用収益を許す定め (81の2②)	この特約がある場合、使用収益につき、建物所有者の承諾は不要となり、その特約は登記事項となる

▶15 「配偶者に配偶者居住権を相続させる」旨の遺言がされた場合、原則として、これを遺贈と解し、配偶者居住権設定の登記の登記原因は「遺贈」となる (令2. 3.30民二324通)。

ⓒ 申請構造・添付情報・登録免許税

申 請	配偶者居住権を取得した配偶者が登記権利者、建物の所有権の登記名義人（遺贈の場合、遺言執行者があるときは、遺言執行者）が登記義務者となり、共同して申請する (60)
添付情報	登記原因証明情報から明らかであれば、配偶者の居住を証明するための住民票の写しや婚姻を証明するための住民票の除票の写しを、別途提供することを要しない
登録免許税	不動産価額× 1000 分の2 (登免税別表1.1.(3の2))

2 抹消登記手続

抹消原因	「死亡による消滅」「存続期間満了」等
申 請	共同申請による他、配偶者死亡の場合は、69条の規定に従い居住建物所有者の単独申請も認められる
添付情報	共同申請による場合、登記義務者である配偶者が設定登記の際に通知を受けた登記識別情報の提供が必要となる
登録免許税	不動産1個につき金1,000円 (登免税別表1.1.(15))

01 □□□ 登記された**賃借権を目的**とする（①質権、②抵当権）の設定の登記の申請は、することができる。

→**1❸**　①

02 □□□ 質権の登記であっても、抵当権の登記であっても、**利息に関する定めがない場合**には、その旨を登記する必要がある。

→**1❺**「利息」　✕
定めが「あれば」登記する

03 □□□ （①質権、②抵当権）の登記においては、**賠償額の定め**があるときはその定めを登記することができる。

→**1❺**「損害金」　①
②

04 □□□ （①質権、②抵当権）の登記においては、**違約金の定め**があるときはその定めを登記することができる。

→**1❺**「違約金」　①
💬

05 □□□ （①質権、②抵当権）の登記においては、**存続期間の定め**があるときはその定めを登記することができる。

→**1❺**「存続期間」　①

06 □□□ 宅地を造成する場合における不動産工事の先取特権保存の登記を申請するときは、申請情報の内容として、**債権額**及び**債務者**を提供しなければならない。

→**2**「固有の登記事項」　✕
債権額ではなく工事費用の予算額

07 □□□ 不動産売買の先取特権保存の登記を申請する場合には、申請情報の内容として**利息に関する定め**を提供することができる。

→**2**「固有の登記事項」　○

08 □□□ **不動産売買の先取特権保存**の登記は、売買による所有権の移転の登記と**同時**に申請しなければならない。

→**2**「登記すべき時期」　○

09 □□□ 雇用関係の先取特権の発生を登記原因として一般の先取特権保存の登記を申請する場合には、当該**債務者の所有権に関する登記識別情報**を提供することを要する。

→**2**「登記識別情報」　○
cf. 不動産売買の先取特権

10 □□□ 不動産売買の先取特権保存の登記を申請する場合、**登記義務者の登記識別情報**を提供することを要しない。

→**2**「登記識別情報」　○

1 質権に関する登記

ランク C

ⓐ 抵当権との比較——目的となる権利

	目的となる権利
質 権	所有権、地上権、永小作権、採石権、**登記された賃借権**
抵当権	所有権、地上権、永小作権、採石権　　cf. 賃借権を目的とすること不可

ⓑ 抵当権との比較——登記事項

○：必要的登記事項　△：任意的登記事項　×：非登記事項

	債権額	債務者	利　息	損害金	違約金	存続期間	債権に付した条件	民法370条ただし書の定め
質　権	○	○	△	△	△	△	△	△
抵当権	○	○	△	△	×	×	△	△

2 先取特権に関する登記

ランク C

【登記申請手続の比較】　　　　　　　　　　　　　　○：提供必要　×：提供不要

	一　般	不動産保存	不動産工事 新築	不動産工事 その他 ▶1	不動産売買
固有の登記事項	① 債権額 ② 債務者	① 債権額 ② 債務者	① 工事費用の予算額 ② 債務者		① 債権額及び利息 ② 債務者
登記すべき時期	時期の制約なし	保存行為後直ちに（民337）	工事開始前（民338Ⅰ）		売買による所有権移転（保存）登記と同時（民340）
登記識別情報	○	○	× ▶2	○	× ▶2
印鑑証明書	○	○	× ▶2	○	× ▶2

▶1　増築・附属建物の新築、宅地造成の場合を指す。
▶2　申請時点においては、登記義務者は当該不動産の登記名義人ではないため、登記識別情報及び印鑑証明書の提供は不要である。

不動産質権は、目的不動産の占有が質権者に移転するため、抵当権に比べて後順位担保権者等の利害関係人が現れる可能性が低く、**被担保債権の範囲が広く**なっています（民346）。その具体例として、不動産質権においては、債務不履行の場合に債務者が給付することを約した金銭である**違約金**が、抵当権とは異なり、被担保債権に含まれます。そのため、質権の登記においては違約金の定めは登記事項となりますが、抵当権の登記においては登記事項とならないとされているのです。

01 □□□　**地上権の設定**の登記の申請は、信託を登記原因としてすることはできない。

→ 1 **1**「目的となる財産権」　×

02 □□□　受益者Aが委託者Bに対する債権を被担保債権として、受託者Cを抵当権者としてB所有の不動産に**抵当権を設定する方法による信託**は、抵当権の付従性に反し認められない。

→ 1 **1**「目的となる財産権」　×

03 □□□　信託による所有権の移転の登記を申請する場合において、**受託者が複数**であるときは、その**持分**を申請情報の内容として提供しなければならない。

→ 1 **1**「受託者が2人以上ある信託」　×

04 □□□　信託の登記の申請については、**受託者を登記権利者**、委託者を登記義務者とする。

→ 1 **2ⓐ**「申請人」受託者の単独申請　×

05 □□□　**信託による不動産の所有権の移転の登記**と共にする、**信託の登記**の申請は、一の申請情報であることを要する。

→ 1 **2ⓐ**「申請形態」　○

06 □□□　受託者が信託の登記を申請しない場合には、**受益者は、受託者に代位して**、信託の登記を**単独で申請**することができる。

→ 1 **2ⓐ** ▶ 1　○

07 □□□　**受益者の定めのない信託**である場合は、受益者の定めに関する登記事項はない。

→ 1 **3**④受益者の定めがない旨の登記が必要　×

08 □□□　**法人格なき社団**は、（①信託の登記の受益者、②抵当権の登記の債務者）となることができる。

信託につき、昭59.3.2民三1131回　②

09 □□□　**Aを受託者**、Bを受益者とする所有権の移転の登記及び信託の登記がされている不動産について、BがCに対して受益権を売却したことによる売買を登記原因とする**受益者の変更の登記**は、Aが単独ですることができる。

→ 1 **3** ▶ 3　○

受益者の定めのない信託（目的信託）とは、**受益者が特定の人に限定されない信託**をいいます。例えば、創業者が職員のために休暇施設を開設する目的で、その開設費用を支出するための信託をする場合がこれに当たります。

1 総　説

1 信託 (信託2条1項、3条)

方　　法	①信託契約、②遺言信託、③自己信託
目的となる財産権	所有権、地上権、永小作権、賃借権、**抵当権等の担保権**等
受託者が2人以上ある信託	信託財産は受託者の合有となる（信託79） →　信託財産の名義人（受託者）の持分は登記事項とならない

2 信託の登記 (98条、令5条2項)

ⓐ 申請構造等

	申請構造	申請人 ▶1	申請形態
所有権移転の登記等	原則として 共同申請 (60)	権利者：受託者 義務者：委託者	一申請情報申請
信託の登記	単独申請	受託者	

▶1　受託者が信託の登記を申請しない場合は、受益者又は委託者が、受託者に代位して、信託の登記を申請することができる。

ⓑ 登録免許税

所有権移転の登記等	非課税（登免税7 I ①）▶2
信託の登記	不動産の価額×1000分の4 （登免税別表1.1.⑽イ）

▶2　委託者のみを受益者とする信託の登記がされている不動産の所有権を受託者から受益者に移す所有権移転登記は、非課税となる（登免税7 I ②）。

3 信託の登記に固有の登記事項 (代表的なもの　97条1項各号) ▶3

登記事項	受益者の登記の要否
①　委託者、受託者及び受益者の氏名（名称）及び住所	必　要
②　信託管理人があるときは、その氏名（名称）及び住所 ▶4	不　要 (97 Ⅱ)
③　受益者代理人があるときは、その氏名（名称）及び住所 ▶5	不　要 (97 Ⅱ)
④　信託法258条1項の受益者の定めのない信託であるときは、その旨 🗨	不　要 (97 Ⅱ)

▶3　信託の登記の登記事項（ex. 受益者）に変更があったときは、信託の変更登記を申請する（103 I）。これは信託の登記と同様に**受託者の単独申請**による。

▶4　信託管理人とは、**受益者が現に存在しない場合に**（信託123 I）、原則として、すべての受益者のために自己の名で受益者の権利に関する一切の裁判上又は裁判外の行為をする権限を有する者である（信託125 I）。

▶5　受益者代理人とは、**受益者が現に存在する場合に**、原則として、その代理する受益者のために当該受益者の権利に関する一切の裁判上又は裁判外の行為をする権限を有する者である（信託139 I）。

10 □□□　受託者が信託財産によって買い受けた不動産について、信託の登記を申請する場合には、受託者を登記権利者とし、**委託者を登記義務者**として、その申請をしなければならない。

→ **2**
「申請構造」
受託者の単独申請

×

11 □□□　**単独受託者の辞任**により受託者を変更した場合においては、新受託者は、その変更を証する書面を提供して、旧受託者のためにされた所有権の移転の登記の登記名義人の**氏名等の変更の登記**を申請すれば足りる。

→ **3**「登記の目的」
3段目
所有権移転登記をする

×

12 □□□　共同受託者の一人が任務を終了した場合には、残存する共同受託者を登記権利者とし、任務が終了した共同受託者を登記義務者として、信託財産についての**所有権の移転の登記**を申請しなければならない。

→ **3**「登記の目的」
受託者が複数の場合
合有登記名義人変更
登記

×

13 □□□　信託の**受託者が2人以上**ある場合において、そのうちの**一人の任務が死亡により終了**したときにおける信託財産に属する不動産についての権利の変更の登記は、死亡を証する情報を提供して、他の受託者が単独で申請することができる。

→ **3**「申請構造」1
段目
単独申請による

○

14 □□□　**受託者の辞任**による所有権の移転の登記は、新受託者を登記権利者、前受託者を登記義務者として、共同で申請しなければならない。

→ **3**「申請構造」2
段目
共同申請による

○

15 □□□　**信託の登記のある不動産**につき、受託者の死亡によって相続が開始したときは、その相続人から**相続登記**を申請することができる。

→ **3** ▷ **6**
相続財産ではない

×

16 □□□　自己信託の方法による信託がされた場合、当該信託による権利の変更の登記の申請は、**登記識別情報を提供**することなく、受託者が単独ですることができる。

→ **4** ▷ **7**

×

17 □□□　Ａを所有権の登記名義人とする甲土地について、Ａが甲土地を**自己信託**の対象としたことによる権利の変更の登記は、**登記原因証明情報**として受益者として指定された第三者に対する確定日付のある証書による当該信託がされた旨及びその内容の通知がされたことを証する書面を提供して申請することができる。

→ **4**「登記原因証明
情報の内容」

○

2 信託財産の処分又は原状回復による信託の登記 ランクB

【登記申請手続】(98条、令5条2項)

	申請構造	申請人	申請形態
所有権移転の登記等	原則として共同申請 (60)	権利者:受託者 義務者:売主等	一申請情報申請
信託の登記	単独申請	受託者	

3 受託者の変更による登記 (100条) ランクB

受託者の変更原因	受託者の人数	登記の目的	申請構造
・死亡 ▶6 ・破産手続開始の決定 ・受託者の合併以外の理由による解散 ・裁判所又は主務官庁の解任命令	1 人	所有権移転	新(残存)受託者の単独申請
	複 数	合有登記名義人変更	
上記以外の理由で変更 　ex. 辞任	1 人	所有権移転	権利者:新(残存)受託者 義務者:旧受託者の共同申請
	複 数	合有登記名義人変更	

▶6　受託者の相続財産とはならず、新受託者の就任まで信託財産は法人となる (信託74 I)。

4 自己信託の登記 (98条3項、信託3条3号) ランクB

意　義	委託者となる者が自己の有する財産の管理・処分を受託者として自らすべき旨の意思表示(信託宣言)をする方法
申請構造	権利変更の登記及び信託の登記　→　単独申請 ▶7
登記原因証明情報の内容	●公正証書等による場合 当該公正証書等(公正証書については、その謄本) ●公正証書等以外の書面又は電磁的記録による場合 当該書面等及び受益者として指定された第三者に対して確定日付のある証書による通知をしたことを証する情報

▶7　この場合、登記識別情報及び印鑑証明書の提供が必要 (令8Ⅰ⑧等)。

公文書によって証明できる事由 (ex. 死亡) によって任務が終了した場合、登記原因証明情報を公文書 (ex. 戸籍謄本) で提供することで登記の真正を担保することができるため、単独申請によります。これに対し、公文書によって証明できない事由 (ex. 辞任) によって任務が終了した場合には、申請構造により登記の真正を担保すべきであるため、共同申請によります。

18 ☐☐☐　信託財産が**受託者の固有財産となった**ことによる　｜➡5 ▶8　　　○
信託の登記の抹消の申請と、当該権利の変更の登記の申
請とは、**一の申請情報**でしなければならない。

19 ☐☐☐　信託財産に属する不動産を受託者の固有財産に属　｜➡5 ▶9　　　×
する財産とした場合において、**受託者の固有財産**となっ
た旨の登記及び信託の登記の抹消を申請するときは、申
請人は、所有権の登記名義人である受託者に通知された
登記識別情報を提供しなければならない。

20 ☐☐☐　Ｂを受託者とするＡからＢへの所有権の移転の登　｜➡6 「申請形態」　×
記がされている不動産が、ＢからＣに売却された場合に　｜一申請情報申請をす
おいて、ＢからＣへの所有権の移転の登記を申請すると　｜る必要がある
きは、**まず**Ａを登記権利者、Ｂを登記義務者として**信託**
の登記の抹消を申請しなければならない。

5 受託者の固有財産と信託財産の変更による登記 ^{▶8} ランク B

場　面	申請すべき登記	申請人
受託者の固有財産に属する財産から信託財産に属する財産とする場合	受託者の固有財産であった権利について、信託財産となった旨の権利の変更登記	権利者：受益者 義務者：受託者
	信託の登記	申請人：受託者
信託財産に属する財産から受託者の固有財産に属する財産とする場合	信託財産であった権利について、受託者の固有財産となった旨の権利の変更の登記	権利者：受託者 義務者：**受益者** ^{▶9}
	信託の登記の抹消	申請人：受託者

▶8　それぞれの場面における申請すべき各登記は、同時に、一申請情報申請しなければならない（98Ⅰ、104Ⅰ、令5Ⅱ～Ⅳ）。

▶9　この場合には、登記識別情報の提供は不要である（104の2Ⅱ後）。

6 信託登記の抹消登記 ランク B

【信託の登記の抹消登記手続】（104条2項、令5条3項）

	申請構造	申請人	申請形態
所有権移転の登記等	原則として共同申請（60）	権利者：信託財産の処分を受けた者 義務者：受託者	一申請情報申請
信託の登記の抹消	単独申請	受　託　者	

信託財産に属する不動産が受託者の固有財産となった旨の登記は、受託者が登記権利者、**受益者が登記義務者**となって申請しますが、受益者は登記名義人でなく、登記識別情報を有していないため、登記識別情報の提供が不要となるのです。

01 ☐☐☐　**敷地権が賃借権**である敷地権付き区分建物について、**抵当権の設定**の登記を申請するときは、当該賃借権の目的である土地の所在、地番、地目及び地積を申請情報の内容として提供しなければならない。

➡ 1 **1ⓐ**「例外」　✕
賃借権は抵当権の目的とはならない

02 ☐☐☐　**賃借権を敷地権**とする区分建物について申請された**抵当権の設定**の登記には、建物のみに関する旨の記録が付記される。

➡ 1 **1ⓑ**参照　✕
抵当権が建物のみについて効力を有することは登記記録から明らかであるため

03 ☐☐☐　敷地権の登記をする前に設定された区分建物のみを目的とする（①所有権移転の仮登記、②抵当権設定の登記）がある場合には、敷地権の登記をする際に、登記官の職権により**建物のみに関する旨**の記録が付記される。

➡ 1 **1ⓑ①**　①
②

04 ☐☐☐　敷地権付き区分建物について、**敷地権が生じた日の前の日**を登記原因の日付として、建物のみを目的として（①所有権移転の仮登記、②抵当権設定の登記、③賃借権設定の登記）が申請された場合には、建物のみに関する旨が付記される。

➡①②：1 **1ⓑ②**、　①
③：1 **1ⓑ** ▶1　②

05 ☐☐☐　区分建物に敷地権の表示の登記がされている場合には、その**区分建物のみを目的**とする、（①強制競売開始決定に係る差押え、②敷地権の発生前に区分建物に設定された抵当権に基づく担保不動産競売開始決定に係る差押え）の登記をすることができる。

➡①：1 **2**　②

1 総　説 💬

1 一体公示の原則

　敷地権付き区分建物にされる権利の登記は、原則として、敷地権である旨の登記をした土地の敷地権についてされた登記としての効力を有する（一体公示の原則　73Ⅰ柱）。

ⓐ 敷地権の表示

原　則	敷地権付き区分建物についての所有権、一般の先取特権、質権又は抵当権に関する登記を申請するときは、敷地権の表示を申請情報の内容とする（令3⑪へ）。
例　外	申請する登記が建物のみについて効力を有する場合（73Ⅲ但）には、敷地権に関する事項を申請情報の内容とする必要はない（昭58.11.10民三6400通）。

ⓑ 建物のみに関する旨の登記
【建物のみに関する旨の付記登記がされる場合】▷1

> ①　敷地権の登記をする前に専有部分についてされた、所有権の登記以外の所有権に関する登記（所有権に関する仮登記、買戻し特約の登記、差押えの登記等）、担保権（一般の先取特権、質権、抵当権）に関する登記（規123Ⅰ）
> ②　敷地権が生じる前の日を登記原因日付とする区分建物のみに関する所有権の仮登記、質権・抵当権に関する登記（規156）

▷1　区分建物についてされた**特別の先取特権**又は**賃借権**に関する登記には、建物のみに関する旨の付記をすることを要しない（昭58.11.10民三6400通）。

2 分離処分の禁止の原則

　実体法上、専有部分とその敷地利用権は、原則として互いに分離して処分することができない（区分所有22Ⅰ本）。

💡敷地権付き区分建物の、区分建物又は敷地権のみを目的とする①一般の先取特権の保存、②滞納処分による（仮）差押え、③強制執行による（仮）差押えは、実体上、無効である。

> 区分建物に関する登記は苦手意識を持ってしまいがちですが、重要度は高いです。「一体化後の土地又は建物のみを目的とする登記の可否」は、①登記原因日付が敷地権発生日前なのか、後なのか、②所有権なのか、それ以外の権利なのかという観点から学習するとよいでしょう。

06 □□□　敷地権の表示を登記した区分建物のみについての（①所有権移転の登記、②所有権移転の仮登記）の申請であっても、敷地権である旨の登記がある土地が**敷地権の目的となる前**にされた売買を原因とするときは、することができる。

→ 2 「所有権移転の登記」　②

07 □□□　土地の所有権につき敷地権である旨の登記がされた後であっても、その土地が**敷地権の目的となる前**にされた売買を原因とする、土地の所有権の移転の仮登記を申請することができる。

→ 2 「所有権移転の登記」「例外」①　○

08 □□□　敷地権である旨の登記がある土地についての抵当権の設定の登記の申請であっても、その土地が**敷地権の目的となる前**にされた設定契約を原因とするときは、することができる。

→ 2 「質権・抵当権設定の登記」「例外」①　○

09 □□□　敷地権の表示を登記した区分建物のみについて、敷地権が生じた日の**後の日**を登記原因の日とする（①一般の先取特権の保存、②不動産工事の先取特権の保存）の登記の申請は、することができない。

→ 2 「一般の先取特権の保存登記」、「特別の先取特権の保存登記」　①

10 □□□　敷地権である旨の登記がある土地に設定された根抵当権の（①極度額の増額、②極度額の減額）の変更登記は、その変更契約の日付が、その土地が敷地権の目的となった日より**前であるか、後であるかを問わず**、申請することができる。

→ 2 「根抵当権の変更」極度額の増額は、敷地権の目的となった日より前の場合のみ可　②

11 □□□　根抵当権の設定の登記のされた土地については、**敷地権である旨の登記がされた後**であっても、（①債権の範囲、②債務者）の変更の登記の申請をすることができる。

→ 2 「根抵当権の変更」　①　②

12 □□□　抵当権の設定の登記のある土地を敷地として新築された区分建物について敷地権の表示が登記された後、敷地についての抵当権の被担保債権と**同一の債権を担保するため**、区分建物のみを目的とする抵当権の設定の登記の申請は、することができる。

→ 2 ▶ 3　○

13 □□□　敷地権である旨の登記がある土地について、**区分地上権の設定**の登記の申請は、することができる。

→ 2 ▶ 4　○

2 一体化後の土地又は建物のみを目的とする登記の可否　ランクA

○：登記申請可（73 Ⅱ但、Ⅲ但、昭 58.11.10 民三 6400 通）　×：不可（73 Ⅱ本、Ⅲ本）

			可　否
所有権	所有権移転の登記	原則	×
		例外	①　敷地権発生日前を登記原因日付とする場合の所有権移転の仮登記　→　○ ▶2 ②　敷地権が賃借権又は地上権である場合の、土地のみの所有権移転登記　→　○
担保権	質権・抵当権設定の登記	原則	× ▶3
		例外	①　敷地権発生日前を登記原因日付とする場合　→　○ ②　敷地権が賃借権の場合に、区分建物のみを目的とする抵当権設定登記　→　○
	一般の先取特権の保存登記		×
	特別の先取特権の保存登記		○　（不動産売買の先取特権は除く）
	根抵当権の変更	極度額の増額（原則）	×
		極度額の増額（例外）	敷地権発生日前を登記原因日付とする場合　→　○
		極度額の減額、債務者、債権の範囲	○
処分の制限	（仮）差押えの登記	原則	×
		例外	敷地権発生前に土地又は建物のみにされた担保権の実行としての差押えの登記　→　○
	処分禁止の仮処分の登記		○
	用　益　権		○ ▶4

▶2　本登記は、敷地権の表示の登記と敷地権である旨の登記を抹消した後にのみすることができる（昭 58.11.10 民三 6400 通）。

▶3　専有部分と敷地利用権が一体化する前に区分建物又は敷地権のみに抵当権を設定していた場合には、一体化後であっても、敷地権又は区分建物の一方に抵当権の追加設定登記が可能である。この場合、建物のみに関する旨の付記登記がされる（昭 59.9.1 民三 4675 通）。

▶4　建物のみを目的とする賃借権の設定、土地を目的とする区分地上権、賃借権の設定等。

敷地権の登記をする前に区分建物にされた登記であっても、それが担保権の登記であって、当該登記と同一の目的、登記原因及びその日付、受付年月日、受付番号の登記が敷地権についてもされているときは、建物についての登記の効力が敷地権についても効力を有します（73 Ⅰ①括）。この場合、登記官が職権により敷地権についてされた登記を抹消します（規 123 Ⅱ）。区分建物にした登記は敷地権についてされた登記としての効力も有するため、敷地権についてされた登記を抹消したほうが、登記記録が簡明になるからです。

01 ☐☐☐　抹消された抵当権の登記の回復の登記を申請する場合、当該抵当権の登記の抹消後に所有権の移転の登記を受けた**現在の所有権の登記名義人**は登記上の利害関係を有する第三者に当たらない。

　→ 1 ▶ 1　　○

02 ☐☐☐　抹消された**仮差押えの登記の回復**の登記を申請する場合、当該仮差押えの登記後、当該仮差押登記の抹消前に所有権の移転の登記を受けた現在の所有権の登記名義人は登記上の利害関係を有する第三者に当たらない。

　→ 1 「登記上の利害関係を有する第三者」②　　×

03 ☐☐☐　**官庁又は公署が登記義務者**として所有権の移転の登記を嘱託する場合には、登記権利者の住所を証する情報の提供を要しない。

　→ 2 ❶ 「住所証明情報」　　×

04 ☐☐☐　官庁又は公署が、登記義務者として所有権の移転の**登記を嘱託**した場合には、嘱託者の印鑑証明書の提供を要しない。

　→ 2 ❶ 「印鑑証明書」　　○

05 ☐☐☐　官庁又は公署が登記権利者として所有権の移転の登記を嘱託した場合において、**あらかじめ登記識別情報の通知を希望しない旨の申出をした場合を除き**、当該官庁又は公署に登記識別情報が通知される。

　→ 2 ❷ 「官公署が登記権利者」通知されないのが原則　　×

1 抹消回復登記

申請人 ▶1	権利者：回復すべき登記の登記名義人 義務者：回復によって登記上直接不利益を受ける者
登記上の利害関係 を有する第三者	① 抵当権の抹消回復登記をする場合の抹消登記前から登記を得ている後順位担保権者及び抹消登記後に登記がされた担保権の登記名義人（昭 52. 6.16 民三 2932 回） ② 仮差押えの抹消回復登記をする場合の現在の所有権の登記名義人

▶1　抵当権の登記を抹消後、第三者に所有権移転登記がされた場合の抵当権の抹消回復登記における登記義務者は、**現在の所有権の登記名義人**である（昭 57. 5. 7民三 3291回）。そのため、当該所有権登記名義人は登記上の利害関係を有する第三者に当たらない。

2 嘱託による登記

1 添付情報等

○：提供必要　✕：提供不要

	官公署が権利者	官公署が義務者
登記原因証明情報	○	○
登記識別情報	✕	✕
印鑑証明書	✕	✕
住所証明情報	✕	○
義務者の承諾を証する情報	○ ▶2	✕
代理権限証明情報	✕	✕
登録免許税	非課税	課　税

▶2　書面申請において提供する承諾を証する情報を記載した書面については、登記義務者が記名押印し、押印に係る印鑑証明書を承諾証明情報の一部として提供する（令 19）。

2 登記識別情報の通知

官公署が登記権利者	原則：通知されない（21 但、規64 Ⅰ④）。 例外：官公署があらかじめ通知を希望する旨の申出をした場合 　　→　通知される（規64 Ⅰ④括）
官公署が登記義務者	登記識別情報を官公署に通知する（117 Ⅰ） ▶3

▶3　登記識別情報の通知を受けた官公署は、遅滞なく、これを登記権利者に通知しなければならない（117 Ⅱ）。

> この場合の印鑑証明書は、**書面の真正の担保**を目的として提供するものであり、不動産登記令 16 条 3 項の適用はないため、作成後 3 か月以内のものであることを要しません（昭 31.11. 2民甲 2530 通）。

Q 定期借地権に関する登記の仕組みがいまいち理解できません。

A 定期借地権に関する登記では、３点セットの特約が理解の鍵となります。

３点セットの特約とは「契約の更新・(建物の再築による)存続期間の延長・建物買取請求を認めない」という３つの特約をいいます。一定期間が経過すれば必ず土地が返還される仕組みをとり、土地所有者が土地を貸しやすくすることを目的とした特約です。

「一般定期借地権」とは、存続期間を50年以上とし、３点セットの特約を併せて付した借地権です(借地借家22Ⅰ前)。ですから一般定期借地権の設定登記の際は、特約として「**借地借家法22条の特約**」と表示し、３点セットの特約がある旨を表示します。

「**1項事業用定期借地権**」とは、専ら事業の用に供する建物の所有を目的とし、かつ、存続期間を30年以上50年未満とし、併せて３点セットの特約を付した借地権です(借地借家23Ⅰ)。なので1項事業用定期借地権の設定登記の際は、特約として「**借地借家法23条1項の特約**」と表示します。

「**2項事業用定期借地権**」とは、専ら事業の用に供する建物の所有を目的とし、かつ、存続期間を10年以上30年未満とする借地権です。この場合、３点セットの特約の内容が法律上当然に契約の内容になります(借地借家23Ⅱ)。普通借地権の場合、存続期間が30年以上であるから、存続期間を10年以上30年未満とした場合は、当然に事業用定期借地権となり、契約において、当事者が特約に触れていなかったとしても、事業用定期借地権として３点セットの特約が契約の内容となっていることが明らかになるのです。ですから、2項事業用定期借地権の設定登記の際は、**特約を記載する必要はありません**。

Q 信託の登記は、どういった目的でするものですか?

A まず、信託とは、その言葉のとおり、信じられる人に自分の財産を託すことをいいます。「託す」とは、単に預けることではなく、その財産(信託財産)を使って利益を上げてもらい、預け先から利益を受け取る仕組みです。財産を託す人を**委託者**、託される人を**受託者**といい、信託から利益を受ける者を**受益者**といいます。

すなわち、信託とは、委託者が受託者に対して財産権の移転(ex.不動産の所有権、地上権、抵当権)などの処分をして、信託の目的に従って、受託者が受益者のために信託財産の管理・処分をすることです(信託2 I)。この信託の活用により、他人に資産運用を任せることが可能です。委託者が受託者に財産権を移転させるといっても、これは資産運用などの目的で形式的に移転させる形を取るにすぎず、**実質的に所有権が移転する(受託者の所有物になる)わけではない**ことに注意しましょう。

そして、契約などにより信託が成立すると、信託財産は委託者から受託者に帰属しますが、この信託財産は、**受託者の固有財産とは別個の財産**である扱いを受けます。そのため、受託者は信託財産を勝手に処分することはできず(信託31)、受託者の債権者から差押えを受けることもありません。

受託者の財産について、第三者から見ると、その財産が信託財産なのかどうかの判断は難しいため、受託者名義の財産が、受託者の固有財産ではなく、信託財産であり、信託の目的による拘束を受けることを公示する必要があります。そのため、不動産のように、登記が対抗要件となる財産については、**信託の登記をしなければ、その財産が信託財産に属することを第三者に対抗することができない**とされています(信託14)。これが信託の登記をする目的です。

不動産登記総論

●体系MAP

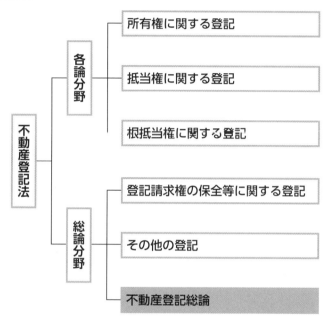

01 □□□　登記権利者と登記義務者とが共同して自ら電子申請をする場合には、登記権利者及び登記義務者の**いずれもが**申請情報に**電子署名**を行わなければならない。

➡**1**「申請情報」　　○

02 □□□　電子申請をする場合において、**第三者の承諾**を証する情報を申請情報と併せて提供するときは、当該第三者の承諾を証する情報に当該第三者が**電子署名**を行わなければならない。

➡**1**「添付情報」　　○

03 □□□　登記事項証明書の交付請求を電子申請によって行うときは、請求情報に**電子署名**を行う必要がある。

➡**1** ▶1
電子署名は不要　　×

04 □□□　電子申請をする場合、**添付情報が登記事項証明書**であるときは、登記情報提供業務を行う指定法人から登記情報の送信を受けるための情報の送信をすることで、登記事項証明書の提供に代えることができる。

➡**2**　　○

05 □□□　電子申請を利用する登記の申請の**補正**をする場合には、補正に係る**書面**を登記所に提出する方法によりすることもできる。

➡**3**「補正手続」　　×

06 □□□　電子申請の**取下げ**は、法務大臣の定めるところにより電子情報処理組織を使用して申請を取り下げる旨の情報を登記所に提供する方法によってしなければならない。

➡**3**「申請取下げ」　　○

07 □□□　電子申請であっても、却下決定書の交付は**書面**により行われる。

➡**3**「申請の却下」　　○

08 □□□　**電子申請**をした申請人は、申請情報に併せて提供した添付情報の**還付を請求**することができない。

➡**3**「原本還付請求」　○

電子申請では、**書面申請との異同**に注意して学習を進めていきましょう。なお、本章において特例方式の電子申請については考慮しないものとします。

1 電子署名・電子証明書 (令12条、14条) ▶1

	申請情報	添付情報
電子署名者	申請人又はその代表者 若しくは代理人	作成者
電子証明書	当該電子署名に関する電子証明書を併せて送信しなければならない	

▶1　登記事項証明書の交付請求を電子申請の方法によりする場合には、**電子署名は不要**である。

2 電子申請における特則

　申請情報と併せて提供すべき添付情報が、**登記事項証明書**であるときは、登記情報提供業務を行う指定法人から登記情報の送信を受けるための情報を送信することで登記事項証明書の提供に代えることができる (令11)。

3 電子申請・書面申請の比較

○：できる　×：できない

		電子申請	書面申請
補　正　手　続		電子情報処理組織を使用(規60Ⅱ①)	書面を登記所に提出 (規60Ⅱ②)
申　請　取　下　げ		電子情報処理組織を使用(規39Ⅰ①)	書面を登記所に提出 (規39Ⅰ②)
申　請　の　却　下		却下決定書が書面で交付又は送付される (規38Ⅰ、Ⅱ)	
原本還付請求		× ∵　「原本」という概念がない	○ (規55Ⅰ)
登記 識別 情報	失効の申出	○ (規65Ⅲ①)	○ (規65Ⅲ②)
	有効証明の 請求	○ (規68Ⅲ①)	○ (規68Ⅲ②)

第6編 不動産登記総論

01 □□□　第三者の権利が登記されていない**AB共有名義**の不動産について、**C**の単独所有とする共有者全員持分全部移転の申請は、一の申請情報ですることができる。

→**1**①、**2**1段目　○

02 □□□　共有不動産を第三者の単独所有とする所有権の移転の登記の申請は、**共有持分につき第三者の権利に関する登記があるとき**は、一の申請情報により登記を申請することができない。

→**2** ▶1　○

03 □□□　**同一の登記所の管轄**に属する甲土地及び乙土地について、売主Aと買主Bとの間で、A名義の甲土地及び乙土地について**同じ日に売買契約を締結した場合**の、甲土地については登記識別情報を提供し、乙土地については登記識別情報を提供することができないために事前通知による手続を利用してする所有権の移転の登記の申請は、一の申請情報によって申請することができない。

→**1**①、**2**2段目　×

04 □□□　**一筆の土地を要役地とし、所有者の異なる数筆の土地を承役地**とする地役権の設定の登記の申請は、一の申請情報ですることはできるが、一筆の土地を承役地とし、所有者の異なる数筆の土地を要役地とする地役権の設定の登記の申請は、一の申請情報ですることはできない。

→**1**①、**2**3段目
当事者が同一ではない　×

05 □□□　**同一の登記所**の管轄に属する甲土地及び乙土地について、**A名義の甲土地及びB名義の乙土地**について、同じ日にCを買主とする売買契約が締結された場合の、甲土地及び乙土地についてする所有権の移転の登記の申請は、一の申請情報によってすることができる。

→**1**①、**2**4段目
当事者が同一ではない　×

06 □□□　**共有者A及びB**の各共有持分について買戻権者を同じくする買戻しの特約の登記が各別にされているときは、これらの登記の抹消は、当該抹消の**登記原因及びその日付が同一**であれば、一の申請情報によって申請することができる。

→**1**①、**2**5段目
当事者が同一ではない　×

第三者の権利に関する登記がされている場合に一申請情報申請が認められないのは、仮に一申請情報申請ができるとすると、**どの持分に第三者の権利が付いているのかが登記記録上わからなくなる**からです。

1 一申請情報申請の要件 (令4条ただし書)

以下の場合は、一件一申請主義の例外として、一申請情報申請をすることができる。

① 同一の登記所の管轄区域内にある二つ以上の不動産について申請する登記の**目的、登記原因及びその日付**（法律行為等の内容及び成立、発生の日付、当事者も含む）が同一であるとき（令4但）

② 同一の登記所の管轄区域内にある一つ又は二つ以上の不動産について申請する二つ以上の登記が、いずれも同一の登記名義人の氏名（名称）又は住所についての変更又は更正の登記であるとき（規35⑧）

③ 同一の不動産について申請する二つ以上の権利に関する登記の、登記の目的、登記原因及びその日付が同一であるとき（規35⑨）

④ 同一の登記所の管轄区域内にある二つ以上の不動産について申請する登記が、同一の債権を担保する先取特権、質権又は抵当権に関する登記であって、登記の目的が同一であるとき（規35⑩）

2 要件①に関係する具体的事例

○：一申請情報申請できる　×：できない

一つの不動産に対する**共有者全員の持分**を、同一の登記原因で取得し、単独所有とする場合の登記（昭35.5.18民甲1186回）▶1	○
甲が乙からＡＢ不動産を一括して買い受けた場合において、乙がＡ不動産の権利に関する**登記識別情報を紛失**している場合にする、所有権移転登記（昭37.4.19民三1173通）	○
所有者の異なる数個の土地を承役地（又は要役地）とする、地役権設定登記（昭33.2.22民甲421回、登研522）	×
Ａが、Ｂから土地を、Ｃから建物を同時に買い受けた場合の、所有権移転登記（明33.8.21民刑1176回）	×
同一の不動産上に登記された、買戻権者を同じくし、**買主を異にする数個の買戻特約の抹消登記**（登研570）	×

▶1 同じ事例において、共有持分の一部に**第三者の権利に関する登記**がされている場合には、一申請情報申請することはできない（昭37.1.23民甲112通）。

3 要件②に関係する具体的事例

○：一申請情報申請できる　×：できない

同一不動産に関する持分を、**数個の持分移転登記で取得した登記名義人の表示変更・更正登記**	○
Ａ単有名義の甲土地とＡＢ共有名義の乙土地についてする、Ａが住所を移転したことによる登記名義人の住所の変更登記（登研360）	○
登記名義人の住所が数回にわたって移転している場合の登記名義人表示変更の登記（昭32.3.22民甲423通）	○

07 □□□ **解除を登記原因**とする所有権の移転の**仮登記の抹消**の申請と当該仮登記に基づく所有権の移転の**本登記の抹消**の申請は、一の申請情報ですることができる。

➡**1**③、**4** 1段目
目的、原因、日付が同一 ○

08 □□□ A及びBの共有とする**根抵当権の設定**の登記の申請と、AB間でされた**優先の定めの登記**の申請は、一の申請情報ですることができる。

➡**1**③、**4** 2段目
目的、原因が不一致 ×

09 □□□ 根抵当権の一部譲渡による**一部移転の登記**の申請と、当該根抵当権の共有者間でされた**優先の定めの登記**の申請は、一の申請情報ですることができる。

➡**1**③、**4** 2段目
目的、原因が不一致 ×

10 □□□ 相続による根抵当権の**債務者の変更の登記**の申請と、**指定債務者の合意の登記**の申請は、一の申請情報ですることができる。

➡**1**③、**4** 3段目
原因が不一致 ×

11 □□□ **同一の債権を担保**するため、同一の登記所の管轄に属する**所有者を異にする**数個の不動産に抵当権を設定した場合には、一の申請情報で抵当権の設定の登記を申請することができる。

➡**1**④、**5** 1段目 ○

12 □□□ 同一の登記所の管轄に属する数個の不動産を目的とする**累積根抵当権の設定の登記**の申請は、一の申請情報ですることができる。

➡**1**④、**5** 3段目 ×

13 □□□ **共同根抵当権の**（①債務者の変更、②全部譲渡）の登記の申請は、当該根抵当権の目的となっている各不動産についての登記原因の**日付が異なる場合**でも、一の申請情報ですることができる。

➡**1**④、**5** 4段目
要件④は日付が異なっていても可 ①
②

4 要件③に関係する具体的事例 ランク B

○：一申請情報申請できる　×：できない

仮登記及びこれに基づく本登記を、解除を原因としてする抹消登記 （昭 36. 5. 8 民甲 1053 通）	○
根抵当権の共有関係を生じさせる**共有根抵当権の設定登記又は根抵当権の一部** **譲渡による一部移転登記と共有者間の優先の定めの登記** （昭 46.10. 4 民甲 3230 通）	×
相続による根抵当権の**債務者の変更登記と指定債務者の合意の登記**	×
売買による所有権その他の権利の取得の登記と買戻しの特約の登記	×

5 要件④に関係する具体的事例 ランク A

○：一申請情報申請できる　×：できない

・所有者の異なる数個の不動産を目的とした、同一債権を被担保債権とする**共** **同抵当権設定登記**（明 32. 6.29 民刑 1191 回） ・所有者の異なる数個の不動産を目的とした、**共同根抵当権設定登記**（昭 39. 3. 7 民甲 588 通参照）	○
・数個の不動産を目的として、登記原因日付を異にする同一債権を被担保債権 とする**共同抵当権設定登記**（昭 39. 3. 7 民甲 588 通） ・数個の不動産を目的として、登記原因日付を異にする**共同根抵当権設定登記** （昭 39. 3. 7 民甲 588 通参照）	○
累積根抵当権設定の（仮）登記（昭 46.10. 4 民甲 3230 通等）	×
共同根抵当権について、担保すべき債権の範囲・債務者・極度額の変更・全部譲渡・ 分割譲渡・一部譲渡の登記を申請する場合に、各不動産についての登記原因の 日付が異なる場合（昭 46.10. 4 民甲 3230 通）	○
所有者の異なる数個の不動産を共同担保とした、抵当権の変更・更正登記（昭 41. 4.21 民甲 1119 通）、及び抵当権の抹消登記（昭 41. 4.21 民甲 1119 通）	○

6 その他一申請情報申請の可否に関する具体的事例 ランク B

○：一申請情報申請できる　×：できない

Ａ → 1／2Ａ、1／2Ｂとする**所有権一部移転登記とＡＢ間の共有物分割禁止** **の定めの登記**（令3⑪二、平 21. 2.20 民二 500 通、記録例 200）	○
Ａ → 1／2Ｂ、1／2Ｃとする**所有権移転登記とＢＣ間の共有物分割禁止の定** **めの登記**（昭 49.12.27 民三 6686 回参照）	×

> 共同担保の登記である場合、共同担保関係という点を重視して（セットで申請
> させたほうがよい）、**登記手続上の便宜を図るため**、登記原因や当事者が異なっ
> ていてもよいとされ、広く一申請情報申請が認められていることを理解してお
> きましょう。

第2章　一申請情報申請 | 163

01 □□□ （①所有権を目的とする買戻権の移転、②買戻期間 **→■①、②⑥②** ①
の満了による買戻権の抹消）の登記は、付記登記により
行われる。

02 □□□ **順位の変更**の登記は、（①主登記、②付記登記）に **→■③** ①
より行われる。

03 □□□ 所有権、地上権又は賃借権が敷地利用権である場 **→■⑤** ①
合の**敷地権である旨**の登記は、（①主登記、②付記登記）
でされる。

04 □□□ 所有権を目的とする元本確定前の**根抵当権を分割** **→■⑥** ①
して譲渡した場合の当該根抵当権の分割譲渡の登記は、
（①主登記、②付記登記）により行われる。

05 □□□ **所有権**の共有持分を目的とする仮差押えの登記は、 **→■⑦** ①
（①主登記、②付記登記）でされる。

06 □□□ （①根抵当権の極度額の変更、②所有権の更正）の **→②⑥①** ①
登記は、**常に**付記登記でされる。 ②

07 □□□ 債権の譲渡を原因とする**抵当権の移転**の登記は、 **→②⑥②** ②
（①主登記、②付記登記）により行われる。

08 □□□ 地上権の変更の登記により抹消された**地代の定め** **→②⑥④** ○
の回復の登記は、付記登記によってされる。

09 □□□ **抵当権消滅**の定めの登記は、（①主登記、②付記登 **→②⑥②** ②
記）でされる。

10 □□□ 共同抵当権の次順位者の**代位の登記**は、（①主登記、 **→②⑥④** ②
②付記登記）により行われる。

11 □□□ 根抵当権者の相続に関する**合意の登記**は、（①主登 **→②⑥⑤** ②
記、②付記登記）でされる。

12 □□□ 根抵当権の担保すべき**元本の確定の登記**は、（①主 **→②⑥⑦** ②
登記、②付記登記）でされる。

13 □□□ **地上権の強制競売開始決定に係る差押えの登記**は、 **→②⑥⑧** ②
（①主登記、②付記登記）でされる。

1 注意すべき主登記の例

① 抹消登記（68 参照）
② 抹消回復登記（登記事項の一部が抹消されている場合においてする抹消された登記の回復（規3③）を除く）（72 参照）
③ 順位の変更の登記（民374、法89 参照）
④ 賃借権の先順位抵当権者に優先する同意の登記（平15.12.25 民二3817 通）
⑤ 敷地権である旨の登記（規119 参照）
⑥ 所有権を目的とする**根抵当権の分割譲渡の登記**（規165 Ⅰ）
⑦ 所有権に関する処分の制限の登記（規3④括）

2 注意すべき付記登記の例

ⓐ 登記の性質上、主登記と一体のものとして公示する必要がある場合

登記名義人の氏名（名称）又は住所についての変更又は更正登記（規3①）

ⓑ 新たにする登記が、主登記の順位をそのまま保有する必要がある場合

① 権利の変更・更正登記で、登記上の利害関係を有する第三者が存在しないか、その承諾がある場合（4Ⅱ、66、規3②柱）
　・根抵当権の極度額の変更（更正）登記、所有権の更正登記
② **所有権以外の権利の移転の登記**（4Ⅱ、規3⑤）
　・債権の一部の代位弁済による抵当権一部移転の登記、買戻権の移転登記
③ **所有権以外の権利を目的とする権利に関する登記**（4Ⅱ、規3④）
　・転抵当権設定登記、地上権を目的とする抵当権・賃借権等の設定登記
④ 登記事項の一部が抹消されている場合においてする、**抹消された登記の回復**（規3③）

ⓒ 主登記の権利について以後生じた権利関係を公示上明確にする必要がある場合

① 買戻しの特約の登記（民581 Ⅰ、規3⑨）
② 権利の消滅に関する定めの登記（規3⑥）
③ 抵当権の処分の登記（民376、規3④）
④ 共同抵当権の次順位者の代位の登記（民393、361、規3⑦）
⑤ **根抵当権者又は債務者の相続による合意の登記**（民398の8、規3②ロ）
⑥ 根抵当権の共有者間の優先の定めの登記（民398の14 Ⅰ但、規3②二）
⑦ **根抵当権の元本確定登記**
⑧ **所有権以外の権利**（所有権移転請求権も含む）**に関する処分の制限の登記**（規3④括）
⑨ 抵当証券の作成・交付の登記（規3⑧）

所有権を目的とする根抵当権の分割譲渡の登記は、**分割した根抵当権が別個独立した根抵当権として存在する**ことから、根抵当権設定登記と同様に主登記で実行されるのです。

01 □□□　**登記の申請について**委任を受けた代理人は、法定
　　　代理人が代理して登記を申請する場合と同様に、申請に
　　　係る登記が完了したときは、**当然に**登記識別情報の通知
　　　を受けることができる。　→ 1 **1 ⓐ**「例外」　✕
　　　特別の委任が必要

02 □□□　共同相続人ＡＢのために、**Ｂ単独の申請**により、
　　　相続による所有権の移転の登記がされた場合において、
　　　Ａ名義で登記されている持分の全部につき、売買を原因
　　　とする移転の登記申請をするときに提供すべき登記識別
　　　情報は、相続による所有権の移転の登記の登記識別情報
　　　である。　→ 1 **1 ⓑ**「通知される」①　✕

03 □□□　ＡとＢとの共有の登記がされた不動産につき、**Ａ
　　　のみを所有者**とする更正の登記がされた場合には、Ａに
　　　対して登記識別情報が通知されない。　→ 1 **1 ⓑ**「通知される」③　✕

04 □□□　売買を原因とする**ＢからＣ**への所有権の移転の登
　　　記を、売買を原因とする**ＢからＡ及びＣ**への所有権の移
　　　転の登記に更正する登記を申請した場合、Ａは登記識別
　　　情報の通知を受けることができる。　→ 1 **1 ⓑ**「通知される」②　○

05 □□□　Ｂの債権者Ａが、Ｂに**代位**して、相続を原因とす
　　　る**Ｂ及びＣ**への所有権の移転の**登記を申請**した場合、Ａ
　　　は登記識別情報の通知を受けることができる。　→ 1 **1 ⓑ**「通知されない」①　✕

06 □□□　Ａの持分が２分の１、Ｂの持分が２分の１である
　　　との登記がされた共有不動産について、その**持分をＡは
　　　３分の１、Ｂは３分の２とする所有権の更正**の登記がさ
　　　れた場合には、Ｂに対して登記識別情報が通知されない。　→ 1 **1 ⓑ**「通知されない」④　○

07 □□□　登記識別情報の**失効の申出**については、同一の登
　　　記所の管轄区域内にある二以上の不動産について、一の
　　　申出情報によって申出をすることができるが、登記識別
　　　情報が**有効であることの証明の請求**については、一の請
　　　求情報によって請求をすることができない。　→ 1 **2** 1段目　✕

08 □□□　登記識別情報の**失効の申出**に当たって提供した印
　　　鑑に関する証明書は、原本の還付を請求することができ
　　　るが、登記識別情報が**有効であることの証明の請求**に当
　　　たって提供した印鑑に関する証明書は、原本の還付を請
　　　求することができない。　→ 1 **2** 3段目　✕

1 登記識別情報の通知

ⓐ 総　説 ▶1

原　則	その登記により、自ら登記名義人となる申請人に対して通知される
例　外	登記識別情報の通知を受けるための**特別の委任**を受けた代理人がある場合 →　当該代理人に対して通知される（規62Ⅱ）

▶1　被相続人が登記名義人となる所有権移転登記が、相続人からされた場合（62）、申請人である相続人に対して、被相続人名義の登記識別情報が通知される（平18. 2.28民二 523通）。

ⓑ 登記識別情報の通知の有無

通知される	① 共同相続人のＡＢのうちＢが共同相続の登記を申請した場合（Ｂのみに通知される） ② 「Ｂ→Ｃ」への所有権移転登記を「Ｂ→ＡＣ」にする更正登記がされた場合（**Ａのみ**に通知される） ③ ＡＢ共有名義の不動産を**Ａ単有名義**とする更正登記がされた場合
通知されない	① **代位による登記**がされた場合（代位者・被代位者共に不通知） ② **地役権設定登記**がされた場合 ③ **所有権抹消登記**がされた場合 ④ **持分のみの更正登記**がされた場合 ⑤ 抵当権の効力を所有権全部に及ぼす変更の登記がされた場合 ⑥ 極度額の増額による根抵当権変更登記がされた場合

2 登記識別情報の有効証明請求、失効の申出 💬

	登記識別情報の有効証明請求	登記識別情報の失効申出
一の申出情報・請求情報による申出・請求	できる	できない
登記識別情報の提供	必　要	不　要
申出・請求に当たって提供した印鑑証明書の原本還付の請求	できる	できない

> 登記識別情報の有効証明請求は、登記申請手続を円滑に行うため、**登記識別情報の効力をあらかじめ確認**するための制度です。これに対して、登記識別情報の失効の申出は、登記識別情報を**失念・紛失**し、登記識別情報の提供ができないといったケースを想定し、登記識別情報の効力を失効させる制度です。

09 □□□　地役権の設定の登記をした後、要役地の所有権の移転の登記がされている場合における**地役権の抹消**の登記の申請には、（① 地役権の設定の登記の登記識別情報、② 要役地の所有権の登記名義人が所有権を取得した際の登記識別情報）を提供しなければならない。

➡ 1 ❸ⓐ参照　②
（昭 37. 6 .21 民甲 1652 通参照）
地役権設定登記では登記識別情報が通知されない

10 □□□　所有権**保存登記の抹消**を申請する場合には、当該保存登記の**登記識別情報**を提供することを要しない。

➡ 1 ❸ⓑ①　×

11 □□□　抵当権の設定の登記をした不動産の所有権を抵当権者が取得したことにより、**混同**を原因として当該抵当権が消滅した場合において、抵当権の設定の登記の抹消を申請するときは、申請人は、抵当権の設定の登記の際に通知された**登記識別情報**を提供しなければならない。

➡ 1 ❸ⓑ④　○

12 □□□　電子情報処理組織を使用する方法で不動産登記の申請の手続をした場合であっても、**事前通知**は、書面を送付してされ、登記義務者から申請の内容が真実である旨の**申出**も、書面ですることを要する。

➡ 2 ❶「事前通知の方法」、「事前通知に対する申出の方法」　×

13 □□□　事前通知が**日本に住所**を有する登記義務者に対してされた場合において、当該登記義務者は、申請の内容が真実であると思料するときは、当該通知が到達した日から**2週間以内**にその旨の申出をしなければならない。

➡ 2 ❶「申出期間」「原則」
通知が「発送された日」から 2 週間　×

登記識別情報が提供できない事情があることから、代替的な本人確認の手段として、登記記録上の住所に「**あなたの不動産について登記申請がありましたが、本当にあなたがしたものでしょうか？**」という内容の通知をして、偽者による虚偽の登記申請を見破れるようにしているのです（右ページの図参照）。

❸ 登記識別情報の提供

ⓐ 共同申請による登記であっても、登記識別情報の提供が不要である登記

① 建物を新築する場合の不動産工事の先取特権の保存登記（86 I）
② 不動産売買の先取特権の保存登記（民 340 参照）
③ **買戻特約の登記**（民 579 参照）
④ 登記権利者及び登記義務者の共同申請による**仮登記**（107 II）
⑤ **破産管財人が裁判所の許可を得て破産財団に属する不動産を任意売却した場合の所有権移転登記**（破 78 II、昭 34. 5.12 民甲 929 通）
⑥ **相続財産清算人が家庭裁判所の許可を得て相続財産に属する不動産を売却した場合の所有権移転登記**（登研 606）

ⓑ 共同申請による登記でなくても、登記識別情報の提供が必要である登記

① **所有権保存登記の抹消**（令 8 I ⑤）
② 自己信託による権利の変更登記（令 8 I ⑧）
③ 仮登記名義人が単独で申請する仮登記の抹消（令 8 I ⑨）
④ 混同を原因とする権利の登記の抹消（平 2. 4.18 民三 1494 通）

2 事前通知

ランク **B**

❶ 事前通知 💬

事前通知の方法		通知番号等を記載した書面を送付する方法（規 70 I 柱、II、準 43 I）
事前通知に対する申出の方法		電子申請の場合：オンラインによる 書面申請の場合：書面による
申出期間	原 則	通知が**発送された日から 2 週間以内**（規 70 VIII 本）
	例 外	登記義務者等が外国に住所を有する場合 → 通知が発送された日から 4 週間以内（規 70 VIII 但）
申 出	あ り	当初の登記申請時に受付順位が確定する
	な し	当該登記の申請は却下される（25 ⑩）

14 □□□　資格者代理人は、登記の申請の代理をすることなく、**本人確認情報の作成のみ**を行うことができる。

→ 2 **2**①
登記申請の代理人により作成される必要がある

×

15 □□□　登記の申請の際に、当該申請の代理人である司法書士が、当該申請人が登記義務者であることを確認するために必要な情報を提供し、登記官がその情報の内容を**相当**と認めるときは、事前通知は送付されない。

→ 2 **2**①

○

16 □□□　登記義務者の最後の住所の変更の登記の申請の日から３か月を経過して、登記識別情報を提供することなく所有権に関する登記の申請をする場合には、**事前通知**は送付されるが、当該登記をする前に、登記義務者の登記記録上の**前の住所に宛てて当該申請があった旨の通知**はされない。

→ 3 **2**②

○

17 □□□　債権譲渡を登記原因とする**抵当権移転**の登記の申請につき事前通知がされる場合においては、**前の住所への通知**がされない。

→ 3 **1**①
所有権に関する登記ではない

○

18 □□□　**前の住所地への通知**は、資格者代理人作成の本人確認情報の提供があった場合において、当該本人確認情報の内容により申請人が**登記義務者であること**が相当であると認められるときには、**省略**される。

→ 3 **2**④
「確実」でなければならない

×

19 □□□　**前の住所地への通知**は、**公証人**から当該申請人が登記義務者であることを確認するために必要な認証がされ、登記官がその内容を**確実**と認めたときには、省略される。

→ 3 **2**④参照
公証人による認証の場合は、前住所通知の省略はできない

×

住所変更の登記が他人によって不正にされており、登記名義人本人がなお登記記録上の前住所に居住しているときは、**前住所通知がその住所にされ、本人がこれを受け取ることになる**ので、本人からの異議の申出により不正な登記を未然に防止することができるのです（右ページの図参照）。

2 事前通知の省略の要件

① **資格者代理人による本人確認情報の提供** (23 Ⅳ①、規72)

　登記申請が、**資格者代理人**（登記の申請の代理を業とすることができる代理人）によってされた場合で、**当該代理人が申請人が申請の権限を有する登記名義人であることを確認するために必要な情報（本人確認情報）を提供し、かつ、登記官がその内容を相当と認めるとき**

② **公証人による認証** (23 Ⅳ②)

　申請情報（委任による代理人によって申請する場合は、代理権限を証する情報）を記録（記載）した電磁的記録（書面）に、**公証人から、申請人が登記義務者であることを確認するために必要な認証がされ、かつ、登記官がその内容を相当と認めるとき**

3 前住所通知

1 意　義

　前住所通知は、住所変更登記を利用したなりすましによる不正登記を未然に防止するための制度であり、①**所有権に関する登記**が申請された場合において、②**3か月内に登記義務者の住所につき変更又は更正の登記がされている場合**にされる（23 Ⅱ、規71 Ⅱ②）。

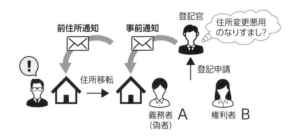

2 前住所通知を省略することができる場合 (規71条2項各号)

① 　登記義務者の住所についての変更又は更正登記の登記原因が、❶行政区画若しくはその名称の変更、❷字若しくはその名称についての変更、❸錯誤若しくは遺漏である場合

② 　登記申請の日が、登記義務者の住所についてされた最後の変更又は更正登記の申請に係る受付の日から**3か月を経過している場合**

③ 　登記義務者が**法人である場合**

④ 　**資格者代理人の本人確認情報の提供があり、当該情報の内容から申請人が登記義務者であることが確実であると認められる場合**

本人性を確認するための手続

④

20 □□□　登記官は、**登記の申請を却下すべき場合において
も**、申請人となるべき者以外の者が登記の申請をしてい
ると疑うに足りる相当な理由があると認めるときは、申
請人の申請の権限の有無を調査しなければならない。

→ 4「要件」①
この場合は不要

×

21 □□□　登記官は、申請人の勤務先の近辺に所在する登記
所において申請人の申請の権限の有無の調査を行うこと
が**申請人の勤務の都合上、便宜**である場合には、申請人
からの申出により、他の登記所の登記官に調査を嘱託す
ることができる。

→ 4「調査の嘱託」

○

22 □□□　登記官が、（①登記識別情報の誤りを原因とする補
正又は取下げ若しくは却下が複数回されていたこと、②
申請情報の内容となった登記識別情報を提供することが
できない理由が事実と異なること）を知ったときは、登
記官は、申請人となるべき者以外の者が登記の申請をし
ていると**疑うに足りる相当な理由がある**と認めることが
できる。

→ 4 ▶ 2 ③④

①
②

23 □□□　**事前通知に対し**、法務省令で定められた期間内に
登記義務者から申請の内容が**真実である旨の申出がされ
た場合**であっても、登記官が申請人となるべき者以外の
者が申請していると疑うに足りる相当な理由があると認
めたときは、登記官は、申請人に出頭を求め、当該**申請
人の申請の権限の有無を調査することができる。**

→ 4 ▶ 2 参照

○

4 ┃ 登記官による本人確認

ランク
C

【本人確認に関する論点】（24条）

要　件	①　申請を却下すべき場合でないこと ②　登記官が、申請人となるべき者以外の者が申請していると疑うに足りる相当な理由があると認めること ▶2
調査対象者	申請人又はその代表者若しくは代理人 *　登記の申請が、資格者代理人により行われている場合には、まず資格者代理人に対して必要な情報の提供を求める
調査方法	出頭を求め、質問をし、又は文書の提示その他必要な情報の提供を求める
調査の嘱託	申請人又はその代表者若しくは代理人が遠隔の地に居住しているとき、その他相当と認めるときは、他の登記所の登記官に調査を嘱託することができる

▶2　【具体例】（準33条1項）

①　同一の申請人に係る他の不正事件が発覚しているとき

②　前の住所地への通知をした場合において、登記の完了前に、当該通知に係る登記の申請について異議の申出があったとき

③　登記官が、**登記識別情報の誤り**を原因とする補正又は取下げ若しくは却下が複数回されていたことを知ったとき 💬

④　登記官が、申請情報の内容となった**登記識別情報を提供することができない理由**が事実と異なることを知ったとき

申請人が何度も登記識別情報について却下等を受けていると、なりすましによる申請である可能性が高いからです。パスワードを何度も間違えて打ち込んでいると本人でない可能性が高いという考え方と同じですね。

第6編　不動産登記総論

01 □□□　抵当権の順位変更の合意をした後に、**利害関係を有する者の承諾が得られた場合**、当該順位変更の登記の登記原因の日付は、その承諾が得られた日である。

➡**１**⑤　　○

02 □□□　Ａ株式会社の**代表取締役職務代行者**Ｂは、Ａ株式会社の所有する土地につき、裁判所の許可を証する情報を提供しなくても、Ａ株式会社を登記義務者として**贈与を原因**とする所有権移転の登記を申請することができる。

➡**１**⑩　　×
許可を証する情報の提供が必要

03 □□□　**未成年者**がその所有不動産を売却した場合における所有権移転の登記の申請書には、**親権者の同意書**を添付しなければならない。

➡**２**①　　○
原因日付に影響なし

04 □□□　株式会社の取締役と会社との利益相反取引に該当する売買契約の締結後に、**取締役会の承認を受けた場合**における所有権の移転の登記の登記原因の日付は、（①取締役会の承認を受けた日、②売買契約の締結の日）である。

➡**２**②　　②

05 □□□　賃借物の転貸を許す旨の特約の登記がない賃借権につき、**転貸契約よりも後に賃貸人の承諾が得られた場合**における賃借物の転貸の登記を申請する場合の登記原因日付は、当事者間での転貸契約の日である。

➡**２**③　　○
承諾は原因日付に影響なし

■1 登記原因日付に影響を与えるもの──第三者の許可（同意又は承諾）が効力発生要件の場合 ランク A

① 農地法所定の許可（農地 3、5）▶1

② 不在者財産管理人の民法 103 条の権限を超える行為に対する、家庭裁判所の許可（民 28）

③ 区分地上権設定に対する土地使用収益権者、及びその使用収益権を目的とする権利を有する者の承諾（民 269 の 2 Ⅱ）

④ 根抵当権の全部譲渡・分割譲渡・一部譲渡に対する根抵当権設定者の承諾（民 398 の 12 Ⅰ、Ⅱ、398 の 13）

⑤ **抵当権の順位変更**、根抵当権の極度額の変更・分割譲渡に対する利害関係人の承諾（民 374 Ⅰ、398 の 5、398 の 12 Ⅲ）

⑥ 根抵当権の共有者の権利移転に対する他の共有者の同意（民 398 の 14 Ⅱ）

⑦ 相続財産清算人の処分行為に対する家庭裁判所の許可（民 953・28）

⑧ 破産管財人の任意売却に対する裁判所の許可（破 78 Ⅱ）

⑨ 成年後見人による成年被後見人の居住用不動産についての処分行為に対する家庭裁判所の許可（民 859 の 3）

⑩ 代表取締役の**職務代行者**の常務に属さない行為に対する裁判所の許可（仮処分命令に別段の定めがある場合を除く）（会 352 Ⅰ）

▶1 農地の売買契約が許可の前にされている場合は、許可書の到達時に農地の所有権が移転し（昭 35.10. 6 民甲 2498 回）、逆に農地法の許可が先にされて、その後に売買契約がされた場合は、その売買契約日に農地の所有権が移転し、それらが所有権移転登記の登記原因日付となる。

■2 登記原因日付に影響を与えないもの──取り消すこと（解除）ができる行為の場合 ランク B

① 制限行為能力者の法律行為に対する**法定代理人の同意**（民 5 Ⅰ、Ⅱ、13 Ⅰ、Ⅱ、Ⅳ、17 Ⅰ、Ⅳ）

② 株式会社の取締役と会社との利益相反取引についての**株式会社の承認**（会 356 Ⅰ、365 Ⅰ）

③ 賃借権の譲渡・転貸に対する**賃貸人の承諾**（民 612 Ⅰ）

賃貸人の承諾は賃借権の譲渡・転貸の効力発生要件ではなく、**承諾がなくても転貸借契約は一応有効**です。あくまで承諾を得なかった場合に解除できるにすぎません。そのため、登記原因日付には影響しないのです。

06 □□□ 　甲株式会社と乙株式会社（いずれも取締役会設置会社）の**代表取締役が同一人**である場合において、甲株式会社名義の不動産につき、甲株式会社から乙株式会社への**売買**を登記原因とする所有権の移転の登記を申請するときは、乙株式会社の取締役会の承認を受けたことを証する情報を提供する必要はない。

➡️**3**【具体的事例へのあてはめ】① ✕

07 □□□ 　甲株式会社（取締役会設置会社）の代表取締役がA及びB、**取締役がA、B及びD**であり、乙株式会社（取締役会設置会社）の代表取締役がA及びC、**取締役がA、C及びD**である場合において、**Bが甲株式会社**を、**Cが乙株式会社**をそれぞれ代表して、甲株式会社所有の不動産について、甲株式会社から乙株式会社に売り渡し、この売買を登記原因とする所有権の移転の登記を申請するときは、いずれの会社についても取締役会の承認を受けたことを証する情報を提供する必要はない。

➡️**3**【具体的事例へのあてはめ】② ◯

08 □□□ 　株式会社（取締役会設置会社）の代表取締役が、会社と**連帯債務者**となって、**会社所有の不動産**について抵当権設定の登記を申請する場合には、申請情報に取締役会の承認を受けたことを証する情報の添付を要する。

➡️**4**①左から6番目 ◯

09 □□□ 　株式会社（取締役会設置会社）の債務を担保するため、**会社所有の不動産**について**抵当権設定**の登記を経た後、**債務者**をその**代表取締役個人に変更**する抵当権変更の登記を申請する場合には、取締役会の承認を受けたことを証する情報の添付を要しない。

➡️**4**②「抵当権」「XからAへ変更」 ◯

10 □□□ 　A株式会社（取締役会設置会社）を債務者兼設定者とする**根抵当権**につき、同社の**代表取締役BがA社の債務を引き受けた場合**、Bを債務者に追加する登記の申請書には、A社の取締役会の承認を受けたことを証する情報を添付しなければならない。

➡️**4**②「根抵当権」「XからAへ変更」 ◯

11 □□□ 　元本確定前根抵当権の全部譲渡による移転の登記に関し、根抵当権の**設定者がA株式会社**（取締役会設置会社）、債務者が代表取締役Bである場合、**根抵当権の移転**の登記の申請情報には、A社の承諾情報のほか、A社の取締役会の承認を受けたことを証する情報を併せて提供しなければならない。

➡️**4**③ ◯

3 会社における利益相反取引──売買等の利益相反取引 B

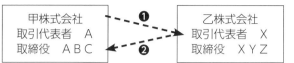

STEP ❶　判断したい会社を選び、相手方の取引代表者を把握する
STEP ❷　当該相手方の取引代表者が、自社の取締役であるかをチェックする
　　　　→　自社の取締役であれば利益相反取引に該当する

【具体的事例へのあてはめ】（取締役会設置会社とする）

①　X社（代表取締役A）とY社（代表取締役A）の売買
　　X社：STEP ❶　相手方（Y株式会社）の取引代表者 → A
　　　　　STEP ❷　AはX株式会社の取締役である → 利益相反取引に該当する
　　＊　Y社についても同様（X社、Y社の議事録の提供が必要）
②　X社（代表取締役がAB、取締役ABD）とY社（代表取締役がAC、取締役A
　　CE）である場合において、BがX社を、CがY社を代表して行う売買
　　X社：STEP ❶　相手方（Y社）の取引代表者 → C
　　　　　STEP ❷　CはX社の取締役ではない → 利益相反取引に該当しない
　　＊　Y社についても同様（X社、Y社共に議事録の提供不要）

4 会社における利益相反取引──担保権の設定等の利益相反取引 A
【取締役会議事録（非設置会社は株主総会議事録）の提供の要否】

①　抵当権・根抵当権の設定　（X：株式会社、A：その取締役）　　　○：必要　×：不要

債務者	X	X	A	A	X・A	X・A	X・A
設定者	A	X・A	X	X・A	A	X	X・A
議事録	×	×	○	○	×	○	○

②　抵当権・根抵当権の債務者の変更（設定者をXとする）　　　○：必要　×：不要

債務者変更の態様	抵当権	根抵当権
XからAへ変更	×	○
AからXへ変更	○	×（登研373）

③　根抵当権の全部譲渡の承諾（会社を設定者、債務者をその取締役とする）
　　元本確定前の根抵当権の全部譲渡は、譲受人のために**根抵当権を新規設定**する実質を有するため、その承諾は、根抵当権を新規設定する場合と同視することができる。
→　全部譲渡を登記原因とする根抵当権移転登記を申請する場合は、取締役会議事録（又は株主総会議事録）の提供を要する。

12 □□□　農地につき、（①**包括遺贈**、②**相続人中の一人**への特定遺贈）を原因として所有権の移転の登記を申請する場合には、農地法所定の許可を証する情報を申請情報と併せて提供することを要しない。

→ 5 ⓐ
〔相続関係〕❷❸

①
②

13 □□□　農地につき、（①**相続人の一人**に対する相続分の譲渡、②**第三者**への相続分の譲渡）を原因とする所有権の移転の登記を申請する場合には、農地法所定の許可を証する情報を申請情報と併せて提供することを要する。

→ 5 ⓐ
〔相続関係〕③❹

②

14 □□□　農地につき、（①**協議**による財産の分与、②**調停**による財産分与、③民法 958 条の 2 による特別縁故者への分与の審判）を原因とする所有権の移転の登記を申請する場合には、農地法所定の許可を証する情報を申請情報と併せて提供することを要する。

→ 5 ⓐ
〔裁判所の関与〕①❶
❷

①

15 □□□　農地につき、（①**遺産**分割、②**共有物**分割、③**持分放棄**）を原因とする持分の移転の登記を申請する場合は、農地法所定の許可を証する情報を申請情報と併せて提供することを要しない。

→ 5 ⓐ
〔相続関係〕❺
〔民法所定の法定効果〕②❷

①
③

16 □□□　農地につき、（①売買契約の**合意解除**、②**債務不履行**による売買契約の解除）による所有権の抹消の登記を申請する場合、農地法所定の許可を証する情報を申請情報と併せて提供することを要する。

→ 5 ⓐ
〔民法所定の法定効果〕①❶

①

17 □□□　農地につき、所有権移転の事由を「**売買**」とする**農地法 3 条の許可を得ている場合**、その許可を証する情報を提供して、「贈与」を原因とする所有権の移転の登記の申請をすることができる。

→ 5 ⓐ ▶ 2

×

18 □□□　農地につき、（①法人格のない社団の代表者の変更に伴う**委任の終了**、②**民法 646 条 2 項の規定による移転**、③**時効取得**）を原因とする所有権の移転の登記を申請する場合には、農地法所定の許可を証する情報を申請情報と併せて提供することを要しない。

→ 5 ⓐ ▶ 3
〔民法所定の法定効果〕③

①
③

5 農地法所定の許可 ▶2

ⓐ 登記原因別の農地法所定の許可の要否のまとめ

必　要	不　要
〔用益権と担保権〕用益権設定の場合　→　許可必要　担保権設定の場合　→　許可不要	
①　用益権の設定	❶　抵当権の設定
〔相続関係〕相続又はこれに準じる物権変動の場合　→　許可不要	
①　死因贈与 ②　相続人以外の者に対する特定遺贈 ③　相続人以外の者に対する相続分の譲渡 ④　遺産分割による贈与	❶　相　続 ❷　包括遺贈 ❸　相続人に対する特定遺贈 ❹　共同相続人に対する相続分の譲渡 ❺　遺産分割
〔民法所定の法定効果〕法律の規定による物権変動の場合　→　許可不要 ▶3	
①　合意解除 ②　共有物分割 ③　買戻権行使	❶　法定解除 ❷　持分放棄 ❸　時効取得
〔裁判所の関与〕裁判所が関与する場合　→　許可不要	
①　協議による財産分与	❶　裁判・調停による財産分与 ❷　特別縁故者への相続財産の分与
〔真正な登記名義の回復〕前登記名義人に移転する場合　→　許可不要	
①　前登記名義人以外の者への真正な登記名義の回復	❶　前登記名義人への真正な登記名義の回復 ❷　相続による所有権移転登記がされている農地につき、他の相続人への真正な登記名義の回復

第6編　不動産登記総論

▶2　所有権移転の事由を「**売買**」とする農地法の許可を証する情報を提供して、農地につき「**贈与**」を登記原因とする所有権移転登記を申請することはできない（昭40.12.17 民甲 3433 回）。

▶3　権利能力なき社団の代表者変更に伴う「**委任の終了**」を登記原因とする所有権移転登記を申請する場合、農地法の許可は**不要**である（昭 58.5.11 民三 2983 通）。これに対して、「**民法 646 条 2 項の規定による移転**」を登記原因とする所有権移転登記を申請する場合、農地法の許可は**必要**である（登研 456）。

> 農地法の許可は、①農地の**使用収益を目的とする権利**に関し、②意思表示に基づく物権変動を生じさせる場合に必要となります。特に②は、「申請人の意思による場合→必要」「申請人の意思によらない場合→不要」と押さえましょう。

19 ☐☐☐　農地について売買を原因とする所有権の移転の登記をする場合において、売主の死亡後に農地法 3 条の許可があったときは、所有権の移転の登記の**前提として**、相続登記をすることを要しない。　➡️**5 6**ア　✕

20 ☐☐☐　農地につき、その買主が死亡した後に、当該買主あてに農地法 3 条の許可がされた場合において、当該**買主の相続人**が所有権の移転の登記を申請するときは、当該相続人あての許可を証する情報を提供することを要する。　➡️**5 6**イ　◯

21 ☐☐☐　農地に買戻しの特約の登記がされている場合において、買戻しの**期間中に買戻権が行使**されたが、買戻しの**期間経過後**に買戻しによる所有権の移転に係る農地法所定の**許可がされた**ときは、買戻しによる所有権の移転の登記を申請することができない。　➡️**5 6** 💬　✕

22 ☐☐☐　**相続財産清算人**が、被相続人が**生前に売却**した不動産について買主と共同して所有権の移転の登記を申請する場合には、**家庭裁判所**の許可を得たことを証する情報を提供することを要する。　➡️**6** 3段目　✕

23 ☐☐☐　甲土地の所有権の登記名義人である A の死亡後、配偶者 B が破産手続開始の決定を受け、その**破産管財人 D が A の遺産に関する遺産分割協議に参加**し、子 C が甲土地を取得することとされた場合において、当該遺産分割協議の結果に基づき、甲土地を C の単独所有とする相続による所有権の移転の登記を申請するときは、D が A の遺産に関する当該遺産分割協議をすることにつき裁判所の許可があったことを証する情報を提供しなければならない。　➡️**6** 5段目　◯

買戻特約の登記がされている農地について買戻期間中に買戻権が行使された場合には、**買戻期間経過後**に買戻しによる所有権の移転に係る**農地法所定の許可**がされたときでも、買戻権の行使による所有権移転登記を申請することが**できます**（昭 42. 2. 8民甲 293 回）。買戻権行使による所有権移転登記の登記原因日付が買戻期間の経過後となったとしても、買戻権行使の意思表示が買戻期間中にされている以上、問題はないのです。

❻ 農地法所定の許可と相続——重要先例等 💬

ア　売主の相続

　　農地について売買を原因とする所有権移転登記をする場合において、売主の死亡後に農地法所定の許可があったときは、**前提として相続登記をしなければならない**（昭40. 3.30民三 309 回）。

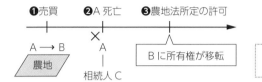

i A→C「相続」による所有権移転登記
ii C→B「売買」による所有権移転登記

イ　買主の相続

　　農地の譲受人の死亡後に到達した死者に対する農地法所定の許可書を提供しても、相続人は所有権移転登記を申請することはできない（昭 51. 8. 3民三 4443 回）。

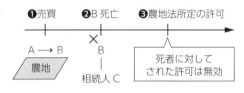

A→B or A→C の所有権移転登記不可
（C に所有権を移転させるためには、改めて C 名義で許可を得る必要あり）

6 裁判所の許可の要否

○：必要　×：不要 　**B**

事　例	裁判所の許可
不在者の財産管理人が**遺産分割協議**に参加する場合	○（家裁）
相続財産清算人が登記義務者として**時効取得**を原因とする所有権移転登記を申請する場合（登研 492）	○（家裁）
被相続人が**生前に売り渡した不動産**につき、**相続財産清算人**が、買主と共に所有権移転登記を申請する場合（昭 32.8.26民甲1610回）	×
破産管財人が不動産の**任意売却**による登記を申請する場合（昭 34. 4.30民甲 859 回）	○
破産管財人が他の相続人との**遺産分割協議**に参加した場合（平 22. 8.24民二 2078 通）。	○

01 □□□　甲登記所の管轄に属する乙土地の所有権の登記名義人であるAが死亡し、Aに配偶者B及び子Cがいる事例につき、BがAの相続人から廃除されたため、Cが乙土地を単独で相続したとして、AからCへの相続を登記原因とする所有権の移転の登記を申請する場合において、添付情報として、相続人をCのみとする被相続人Aの法定相続情報一覧図の写しを提供したときは、Bが**廃除された旨の記載がされている戸籍の全部事項証明書**を提供することを要しない。

→ 1 **2**「登記原因証明情報」「推定相続人の廃除の審判書等」　○

02 □□□　共同相続人の一部に相続放棄があった場合において、相続を登記原因とする所有権の移転の登記の申請情報と併せて法定相続情報一覧図の写しを提供したときは、**相続放棄申述受理証明書**又は相続放棄申述受理通知書の提供をすることを要しない。

→ 1 **2**「登記原因証明情報」「相続放棄申述受理証明書等」　✕

03 □□□　甲登記所の管轄に属する乙土地の所有権の登記名義人であるAが死亡し、Aに配偶者B及び子Cがいる事例につき、AからB及びCへの相続を登記原因とする所有権の移転の登記を申請する場合において、**B及びCの住所が記載されている**被相続人Aの法定相続情報一覧図の写しを提供したときは、B及びCの**住所を証する市区町村長が職務上作成した情報**の提供を省略することができる。

→ 1 **2**「住所証明情報」▶1　○

04 □□□　（①表題部所有者の相続人名義とする**所有権保存の登記**の申請、②相続人から**登記識別情報の失効の申出**）をする場合、法定相続情報一覧図の写しを提供すれば、戸籍の全部事項証明書等を提供することを要しない。

→ 1 **3**「写しの提供で代替できる主な手続」④⑤　①②

05 □□□　登記の申請情報と併せて提供した法定相続情報一覧図の写しは、**原本還付**をすることができない。

→ 1 **3**「原本還付」　✕

1 法定相続情報一覧図の写し

1 意 義

　被相続人の出生から死亡までの戸籍の全部事項証明書等の束及びそれに基づいて作成した法定相続情報一覧図を登記所に一度提出すれば、登記官の認証文付きの法定相続情報一覧図の写しの交付を受けることができる。

→　相続があったことを証する市区町村長その他の公務員が職務上作成した情報の提供に代えることができる（規37の3）。

2 法定相続情報一覧図の写しの提供による省略の可否

○：省略可　×：省略不可

登記原因証明情報		住所証明情報
推定相続人の廃除の審判書等	相続放棄申述受理証明書等	
○ 💬	×	○ ▶1

▶1　法定相続情報一覧図の写しに相続人の住所が記載されている必要がある。

3 手続等

写しの提供で代替できる主な手続	① 一般承継人による権利に関する登記の申請（62）
	② 相続による権利の移転の登記（63 Ⅱ）
	③ 権利の変更等の登記（債務者の相続）（66）
	④ 所有権の保存の登記（74 Ⅰ①）
	⑤ 登記識別情報の失効の申出（規65 Ⅰ）
	⑥ 登記識別情報の有効証明請求（規68 Ⅰ）
	⑦ 不正登記防止申出（準35）
	⑧ 事前通知に係る相続人からの申出（準46）
原本還付	相続関係説明図が提供されたときは、還付することができる（平29.4.17民二292通）

　法定相続情報一覧図は、戸籍の記載から読み取れる相続関係を証明するものであり、推定相続人の廃除があったことは戸籍から読み取れるため、法定相続情報一覧図に反映されています（推定相続人の廃除を受けた者がいる場合、その者を法定相続情報一覧図に記載することを要しない）。すなわち、「廃除を受けているため相続人ではない」ということが反映されているので、**法定相続情報一覧図に相続人として記載がされない**わけです。そして、登記官が戸籍の内容を確認した上で法定相続情報一覧図は作成されているため、法定相続情報一覧図の写しを提供すれば足ります。

06 □□□　登記の申請において、（①本人、②法定代理人）が死亡した場合であっても、**委任による代理人の代理権は消滅しない**。

→ 2 ❶①②

①
②

07 □□□　書面申請により登記を申請する場合における委任による代理人が復代理人を選任している場合において、当該**復代理人を選任した代理人が死亡**したときは、申請書に**本人から当該委任による代理人への委任状**及び**当該代理人から復代理人への委任状**を添付して、当該復代理人から登記の申請をすることができる。

→ 2 ❶ ▶ 2
本人から復代理人への委任状は不要

○

08 □□□　書面申請により登記を申請する場合において、司法書士が当該登記の申請を受任した後に、**委任者が死亡**したときは、委任者の委任状に加えて、相続を証する情報と**相続人から当該司法書士への委任状**を添付しなければならない。

→ 2 ❶①
代理権は消滅しないので委任者の委任状のみでよい

×

09 □□□　登記申請を**委任した法人の代表者が解任**されて３か月を経過した場合、当該委任を受けた代理人が登記を申請するには、現在の代表者の委任状を申請書に添付しなければならない。

→ 2 ❶ ▶ 3
代理権は消滅しないため

×

10 □□□　代理権限証明情報として未成年者の親権者であることを証する**戸籍謄本**を提供する場合には、当該戸籍謄本は、**作成後３か月以内**のものであることを（①要する、②要しない）。

→ 2 ❷「原則」「公文書」

①

11 □□□　親権者所有の不動産について、親権者の債務を担保する抵当権が設定されている場合において、**贈与を登記原因**とする親権に服する子への所有権の移転の登記をするときは、未成年者のための特別代理人の資格を証する情報を提供しなければ申請することができない。

→ 2 ❸【具体例】❸

×

12 □□□　親権者Ａとその親権に服する子Ｂの**共有不動産**について、（①他人であるＣ、②親権者Ａが連帯保証人となっているＣ）の債務を担保するため、**親権者Ａが本人及びＢの代理人として抵当権設定契約**をし、その設定の登記の申請をした場合には、その申請は、却下される。

→ 2 ❸【具体例】②❷

②

13 □□□　**甲株式会社の債務を担保するため**、甲株式会社の代表取締役であるＡの親権に服する子の不動産に抵当権を設定した場合において、当該抵当権の設定の登記を申請するときは、特別代理人によって当該抵当権が設定されたことを証する情報の提供を要する。

→ 2 ❸【具体例】❶

×

2 代理権限証明情報

1 代理権の不消滅の特則規定 (17条)

登記申請の委任を受けた代理人の代理権は、下記の事由が生じても消滅しない。

- ① **本人の死亡** [▷2]
- ② **法定代理人の死亡**又はその代理権の消滅若しくは変更 [▷3]
- ③ 本人である法人の合併による消滅
- ④ 本人である受託者の信託に関する任務の終了

[▷2] この規定は、復代理人に登記申請を委任した代理人にも適用され、最初の代理人が死亡しても**復代理人の代理権**は消滅しない（平5首席登記官会同質疑）。

[▷3] 「法定代理人」には、**法人の代表者**も含まれる（平5.7.30民三5320通）。

2 作成期間の制限

原　則	公文書	作成後３か月以内のもの（令17 I）　cf. 親権者代理の戸籍謄本等
	私文書	作成期間の制限なし（令17 I 参照）
例　外	官庁又は公署が登記の嘱託をする場合 →　作成期間の制限なし（令17 II）	

3 民法826条の利益相反行為

　親権者とその未成年の子との利益が相反する行為については、親権者はその子を代理することができず、特別代理人がその子を代理し（民826）、代理人の権限を証する情報として**特別代理人の選任を証する情報の提供を要する**（登研438）。

【具体例】　　　　　　　　　　　　　　○：利益相反行為に該当する　×：該当しない

① 親権者が、その親権に服する未成年の子が所有する建物の増築資金を借り入れるため、当該建物について**親権者を債務者として抵当権を設定する**場合 ② 親権者が、第三者の金銭債務について、**自ら連帯保証人となると共に**、子の代理人として当該債権を担保するため、**子の不動産に抵当権を設定する**場合	○
❶ 株式会社の債務を担保するため、当該株式会社の**代表取締役の親権に服する**子の不動産に抵当権を設定する場合 ❷ 親権者とその親権に服する子の共有不動産について、**他人であるＣの債務を**担保するために抵当権を設定する場合 ❸ 抵当権設定登記のある親権者所有の不動産を、親権者からその親権に服する**未成年の子に贈与する**場合	×

担保権の設定局面における利益相反行為該当性を判断する際の着眼点は、子の負担において、**親権者の債務を担保させる場合かどうか**です。

14 □□□　官庁又は公署が登記権利者として所有権の移転の**登記の嘱託をする場合に提出する登記義務者の印鑑証明書**は、**作成後3か月以内**のものであることを（①要する、②要しない）。

→ 3 **2❶**の具体例
登記義務者の承諾書の提供が必要（令別表73 添ロ）　②

15 □□□　登記権利者の**住所を証する情報として印鑑証明書を提供**して登記の申請をする場合には、当該印鑑証明書は、**作成後3か月以内**のものであることを（①要する、②要しない）。

→ 3 **2❸**　②

16 □□□　所有権の移転の登記を申請する場合において、登記義務者が記名押印した**委任状に公証人の認証を受けた**ときは、当該委任状には、当該登記義務者の印鑑証明書の添付を要しない。

→ 3 **2** ▶4 ②　○

17 □□□　登記上の利害関係を有する**第三者の承諾を証する情報**を記載した書面を添付して所有権の移転の仮登記に基づく本登記を申請する場合であっても、当該書面が**公証人の認証を受けた**ものであるときは、当該第三者の印鑑に関する証明書を添付することを要しない。

→ 3 **2** ▶4 ②　○

18 □□□　官庁又は公署が、所有権の登記名義人である場合において、登記義務者として登記を嘱託するときは、**嘱託者の印鑑証明書**を添付することを要する。

→ 3 **2** ▶4 ①　×

19 □□□　外国に居住する日本人が登記義務者として登記の申請をする場合には、印鑑証明書を提供せず、署名証明書を提供することができるが、当該**署名証明書**は、**作成後3か月以内**のものであることを要する。

→ 3 **❶**＊　×

20 □□□　支配人が申請人である**会社法人等番号を有する法人を代理**して不動産の登記を申請する場合には、当該法人の会社法人等番号の提供を要しない。

→ 4 「原則」＊　×

21 □□□　会社法人等番号を有する法人が作成後3か月以内の代表者の資格を証する**登記事項証明書を提供**して不動産の登記を申請する場合には、当該法人の会社法人等番号の提供を要しない。

→ 4 「例外」　○

3 印鑑証明書

1 添付趣旨

　印鑑証明書の添付が要求される場面は、①登記申請意思の確認と、②提供された書面の真正を担保する場合とに大別される。

＊　外国人又は外国在住の日本人で印鑑登録をしていない者は、印鑑証明書に代えて、署名証明書を提出することができる(昭59.8.6民三3992依命通、昭33.8.27民甲1738通)。なお、外国在住の日本人が提供する署名証明書は、**作成後3か月以内のものであることを要しない**(昭48.11.17民三8525通)。

2 具体例と作成期間の制限

○：作成後3か月以内であることを要する　×：要しない

		具　体　例	期間
意思確認		①　申請情報を記載した書面に、申請人又はその代表者若しくは代理人がした押印に対応する印鑑証明書 (令16 I、III) ▶4　②　代理人の権限を証する情報を記載した書面に、申請人又はその代表者若しくは法定代理人がした押印に対応する印鑑証明書 (令18 I、III) ▶4	○
真正担保など		❶　同意又は承諾を証する情報を記載した書面に記名押印した者の印鑑証明書 (令19 II) ▶4　❷　遺産分割協議書に添付する、申請人以外の遺産分割協議者の印鑑証明書 (昭30.4.23民甲742通)　❸　登記権利者の住所を証する情報に代えて提供する印鑑証明書 (昭32.5.9民三518回)	×

▶4　【添付が省略できる場合】(代表例)

　①　官公署が登記を嘱託する場合(令16 IV、18 IV)、又は官公署が作成した場合(令19 II)
　②　公証人又はこれに準ずる者の認証を受けた場合 (規48②、50 II)

4 会社法人等番号

原　則	申請人が会社法人等番号を有する**法人**である場合には、当該法人の会社法人等番号を提供する (令7 I①イ) ▶5、6　＊　支配人が当該法人を代理して登記を申請する場合であっても同様
例　外	法人の代表者の資格を証する作成後**3か月以内の登記事項証明書**を提供した場合は、会社法人等番号の提供を要しない (規36 I、II)

▶5　会社法人等番号を提供した場合、住所を証する情報、法人の合併等による承継を証する情報、法人の名称変更等を証する情報の提供は不要 (令9、規36 IV、平27.10.23民二512通)。

▶6　会社法人等番号を提供した場合、申請を受けた登記所の登記官が申請人等の印鑑証明書を作成することができる場合には、印鑑証明書の提供は不要 (規48①)。

01 □□□　**東京都を抵当権者**、債権額を金 500 万円とする抵当権の設定の登記を申請する場合の登録免許税の額は、金 2 万円である。

➡ 1 **1** ①
非課税

×

02 □□□　**国が**、登記権利者として不動産の所有権の移転の登記を嘱託する前提として、当該不動産について登記義務者が行うべき**相続の登記を代位により嘱託**した場合の登録免許税の額は、不動産の価額に 1000 分の 4 を乗じた額である。

➡ 1 **1** ③
非課税

×

03 □□□　**国が私人に対して土地を売却**した場合において、所有権の移転の登記の嘱託をするときは、登録免許税が課されない。

➡ 1 **1** ▶ 1

×

04 □□□　1 個の不動産に設定された、**株式会社Ａ銀行が登記名義人**である順位 1 番の抵当権と、**国が登記名義人**である順位 2 番の抵当権の順位変更の登記を申請する場合の登録免許税の額は金 1,000 円である。

➡ 1 **1** ② ▶ 2
金 2,000 円

×

05 □□□　Ａ工場財団とＢ土地を共同担保とする共同根抵当権の設定の登記の課税標準及び登録免許税率は、**極度額の** 1000 分の 4 である。

➡ 1 **2** ①
1000 分の 2.5

×

06 □□□　地上権設定の登記の登記名義人である法人が、**合併**により当該地上権の目的となっている土地の所有権を取得した場合において、当該所有権の移転の登記を申請するときの登録免許税率は、1000 分の 2 である。

➡ 1 **2** ③

○

07 □□□　甲土地の**地上権の登記名義人**が、**所有権の移転の仮登記の登記名義人**でもあるときは、当該仮登記に基づく本登記の登録免許税額は、金 1,000 円である。

➡ 1 **2** ▶ 3

○

これは、登録免許税法 17 条 1 項と 17 条 4 項を組み合わせて適用したケースです。登記記録問題の形式で登録免許税を計算させる問題では、必ず**用益権や仮登記の登記名義人**が所有権を取得しているかを確認しましょう。

1 登録免許税の算定

 ランク A

1 非課税登記

① 国又は地方公共団体等の非課税法人が登記**権利者**となる場合（登免税4Ⅰ）▶1

② 抵当権の順位変更において、申請人**全員**が国又は地方公共団体等の非課税法人である場合（昭48.10.31民三8188回、登研314）▶2

③ 国又は地方公共団体等の非課税法人が代位してする登記（登免税5①）

▶1　私人が登記権利者、国等の非課税法人が登記義務者となる場合には、課税される。

▶2　申請人の**一部**が国等の非課税法人である場合には、課税される。

2 登録免許税の減税

① **税率が異なる不動産等の共同担保の登記の場合**

　一つの登記所に同時に、**同一の債権のために数個の不動産等に関する権利を目的と**する先取特権、質権又は抵当権の保存又は設定の登記を申請する場合

→　これらの設定登記を一つの抵当権等の設定登記とみなし、当該設定登記にかかる不動産等に関する権利の種類の別により税率が異なるときは、**そのうち最も低い税率をもって登録免許税の税率とする**（登免税13Ⅰ）。

　　ex. 不動産と工場財団を目的とする抵当権の設定は、不動産について債権金額の1000分の4、工場財団について債権金額の1000分の2.5であり、同時に同一の債権のために抵当権を設定する場合、最も低い税率である1000分の2.5となる。

② **共同担保の追加設定の場合**

　同一の債権のために数個の不動産等に関する権利を目的とする抵当権等の設定の登記を申請する場合において、当該設定登記の申請が最初の申請以外のものであるときは、「財務省令で定める書類（登記事項証明書）」を添付して申請するものに限り、不動産等の権利の件数1件につき**1,500円**とする（登免税13Ⅱ）。

③ **地上権等の登記名義人が所有権を取得した場合**▶3

　地上権、永小作権、賃借権、採石権の設定の登記がされている土地、又は賃借権の設定の登記がされている建物について、当該地上権等の登記名義人がその土地又は建物の取得によって所有権移転登記を申請するときは、登録免許税の税率は、通常の税率に**100分の50**を乗じて計算した割合とする（登免税17Ⅳ）。

　　ex. 甲土地に設定した地上権の登記名義人Aが売買により甲土地の所有権を取得した場合、登録免許税は1000分の20 × 100分の50になる。

④ **仮登記に基づく本登記の場合**▶3

　不動産の価額を基準にする定率課税に基づいて登録免許税を算定する場合の、仮登記に基づく本登記を申請するときは、その登録免許税の税率は、登録免許税法17条1項の表に掲げる割合（**本来の登録免許税率の半分**）を差し引いた割合となる（登免税17Ⅰ）。

▶3　**用益権の登記名義人が所有権移転の仮登記の名義人でもある場合**において、この仮登記に基づく所有権移転の本登記を受けるときの登録免許税額は金**1,000円**となる（登免税17Ⅰ、Ⅳ）。

第6編　不動産登記総論

08 □□□　登記の申請が（①取り下げられた、②却下された）ときは、納付した登録免許税の**還付**を受けることができる。

→ 2 **2**「還付可」①

① ②

09 □□□　登記事件が**管轄に属さないことを理由**として、いったんされた登記が抹消された場合には、抹消された登記を申請した際に納付した登録免許税につき還付の請求をすることはできない。

→ 2 **2**「還付可」③

×

10 □□□　抵当権の**債権額を減額する更正**の登記がされた場合には、債権額の差額分に課税された登録免許税につき還付の請求をすることができる。

→ 2 **2**「還付不可」①

×

11 □□□　国がＡに払い下げた土地を、**誤ってＢ名義とする所有権の移転の登記**を嘱託した場合、錯誤を登記原因として当該登記を抹消しても、当該嘱託の際に納付された登録免許税は、還付されない。

→ 2 **2**「還付不可」②

○

12 □□□　登記の申請が（①取り下げられた、②却下された）場合には、申請書に貼り付けて消印された印紙の**再使用の申出**をすることができる。

→ 2 **3ⓐ**、**ⓑ①**

①

13 □□□　インターネットを利用した不動産の権利に関する登記の申請を取り下げた場合において、当該申請に係る**登録免許税がインターネットバンキングにより納付**されたものである場合、当該取下げの日から１年以内にインターネットを利用した登記の申請をするときには、再使用することができる。

→ 2 **3ⓑ②**

×

14 □□□　登記の申請を取り下げる際に登記所から再使用証明を受けた登録免許税の領収証書又は印紙は、**他の登記所**においては使用することができない。

→ 2 **3ⓑ**

○

15 □□□　申請書を登記所に提出する方法により申請した登記を取り下げた際に消印がされた印紙の再使用証明を受けたが、その証明の日から**1年以内**に再使用せず、かつ、還付の請求もしなかったときは、当該証明を受けた印紙に係る登録免許税の**還付請求権**は時効により消滅する。

→ 2 **3ⓑ③**

×

2 登録免許税の納付、還付、再使用証明 ランク B

1 登録免許税の納付

書面申請の場合	原則	日本銀行、銀行等の国税の収納を行う代理店に納付し、その領収証書を登記申請書に貼付する（登免税21）
	例外	登録免許税の額が金3万円以下である場合その他政令で定める場合　→　印紙を登記申請書に貼付する（登免税22）
電子申請の場合		歳入金電子納付システムにより登録免許税を納付する方法によることができる（登免税24の2） 💡領収証書又は印紙による納付も可（登免税24の2Ⅰ・21以下）

2 登録免許税の還付の可否

還付可	① 申請の却下又は取下げがあった場合 ② 二重登記であることを理由に所有権保存登記が抹消された場合 ③ 登記事件が管轄に属さないことを理由として登記が抹消された場合
還付不可	① 抵当権の債権額を減額する更正登記がされた場合における差額分 ② 国が払い下げた土地について、誤って他者の名義にする所有権移転登記を嘱託し、錯誤を原因として当該登記を抹消した場合 ③ 登録免許税の免除・軽減書面の添付をせずに登記を受けた場合

3 登録免許税の再使用証明

a 意 義

　申請の取下げの場合において、申請書に貼付された領収証書又は印紙で、使用済みの消印等がされているものを、当該登記所における登記について、取下げの日から1年以内に再使用したい旨の申出をすれば、再使用証明を受けることができる（登免税31Ⅲ）。

b 再使用証明に関する事例 💬

① 申請が却下された場合、再使用証明を受けることはできない。
② 電子申請において、歳入金電子納付システムを利用して登録免許税を納付した場合は、再使用証明を受けることができない。
③ 再使用証明を受けた日から1年以内に再使用せず、かつ還付請求もしなかったときでも、還付請求権を行使できる時から5年間以内であれば登録免許税の還付請求権を行使することができる（国税通則法74Ⅰ）。

甲登記所で再使用証明を受けた収入印紙を乙登記所で再使用することはできません（登免税31Ⅲ参照、登研321）。再使用証明の申出の際に提出された申出書は、再使用証明をした甲登記所にしか保管されず、再使用証明を受けた印紙等を用いて登記申請があった場合、それが本当に再使用証明を受けたものかどうかを確認できるのは、甲登記所に限られるからです。

❶ 所有権に関する登記

申請する登記		課税標準	税　率
所有権保存登記		不動産の価額	1000 分の 4
所有権移転登記	相続 [▶1] 又は法人の合併による移転登記	不動産の価額	1000 分の 4
	その他の原因による移転登記 [▶2]	不動産の価額	1000 分の 20

▶ 1　共同相続人間における遺産分割による移転登記を含む。
▶ 2　遺贈による所有権移転登記を含む。ただし、**相続人に対して遺贈をする場合で、相続を証する情報を提供したときは、相続による登記に準じて、不動産の価額の 1000 分の 4 である**（平 15. 4. 1 民二 1022 通）。

❷ 担保権に関する登記

申請する登記		課税標準	税　率
抵当権・根抵当権・質権の設定（仮登記に基づく本登記も含む）の登記 先取特権の保存登記 処分の制限の登記（差押え、仮差押え、仮処分）		債権金額、極度金額又は不動産工事費用の予算金額	1000 分の 4
先取特権 質権 抵当権 根抵当権	相続又は法人の合併による移転登記	債権金額又は極度金額	1000 分の 1
	その他の原因による移転登記	債権金額又は極度金額	1000 分の 2
根抵当権の一部譲渡又は法人の分割による移転登記		一部譲渡又は分割後の共有者の数で極度金額を除して計算した金額	1000 分の 2
抵当権の順位の変更登記		抵当権の件数	1 件につき 1,000 円
賃借権の先順位抵当権に優先する同意の登記		賃借権及び抵当権の件数	1 件につき 1,000 円

❸ 用益権に関する登記

申請する登記		課税標準	税　率
地上権 永小作権 賃借権 採石権	設定又は転貸の登記	不動産の価額	1000 分の 10
	相続又は法人の合併による移転登記	不動産の価額	1000 分の 2
	その他の原因による移転登記	不動産の価額	1000 分の 10
配偶者居住権の設定登記		不動産の価額	1000 分の 2
地役権の設定登記		承役地の不動産の個数	1 個につき 1,500 円

4 信託の登記 [3]

申請する登記	課税標準	税 率
所有権の信託の登記	不動産の価額	1000 分の 4
先取特権、質権又は抵当権の信託の登記	債権金額又は極度金額	1000 分の 2
その他の権利の信託の登記	不動産の価額	1000 分の 2

[3] 信託についての以下の登記は**非課税**である（登免税 7 I）。

① 委託者から受託者に信託のために財産を移す場合における財産権移転登記
② 信託の効力が生じた時から引き続き委託者のみが信託財産の元本の受益者である信託の信託財産を受託者から当該受益者（当該信託の効力が生じた時から引き続き委託者である者に限る）に移す場合における財産権移転登記
③ 受託者の変更に伴い旧受託者から新受託者に信託財産を移す場合における財産権移転登記

5 仮登記

申請する登記	課税標準	税 率
① 課税標準が「不動産の価額」の登記の仮登記	不動産の価額	本登記の税率の2分の1
当該仮登記の本登記	不動産の価額	通常の場合の2分の1
② 上記①以外の登記の仮登記	不動産の個数	1 個につき1,000 円
当該仮登記の本登記	通常どおり	

6 その他の登記

申請する登記	課税標準	税 率
付記登記（転抵当等）更正・変更の登記 [4]	不動産の個数	1 個につき1,000 円
登記の抹消	不動産の個数（地役権抹消登記は承役地の個数）	1 個につき1,000 円 [5]

[4] 「所有権一部移転」から「所有権移転」に更正する場合には、増加する分の価額に当初の移転原因による税率を乗じて算定した額を新たに納付しなければならない。
[5] 一の申請情報により 20 個を超える不動産について登記の抹消を受ける場合には、申請件数 1 件につき 2 万円。

01 □□□　取締役会設置会社である株式会社と取締役との間の**利益相反行為に当たる行為を原因として**登記を申請する場合に提供する取締役会議事録に添付された取締役の印鑑証明書については、原本の還付を請求することができる。

→ 1 ① ❸
登記原因に関する第三者の承諾書
×

02 □□□　破産管財人が破産財団に属する不動産について**任意売却**を原因とする所有権の移転の登記を申請する場合に添付する破産裁判所の裁判所書記官が作成した当該**破産管財人の印鑑証明書**については、原本の還付を請求することができない。

→ 1 ① ❹
○

03 □□□　司法書士が作成した本人確認情報を提供して登記を申請する場合には、当該本人確認情報に添付した**司法書士の職印に係る印鑑証明書**については、原本の還付を請求することができる。

→ 1 ① 💬
○

04 □□□　相続を原因とする所有権の移転の登記を申請する場合に提供する**遺産分割協議書に添付した**相続人の印鑑証明書については、原本の還付を請求することができる。

→ 1 ① 💬
○

05 □□□　相続による所有権移転の登記をした場合、**相続関係説明図**を提出すれば、申請書に添付された**戸籍謄本又は抄本、除籍謄本及び遺産分割協議書**の原本の還付を請求することができる。

→ 1 ▶ 1
遺産分割協議書の原本還付を請求するためには、別途その謄本の提出が必要
×

06 □□□　同一の申請書で数個の不動産に関する登記を申請した場合には、その**申請の一部を取り下げる**ことはできない。

→ 2「申請の一部の取下げ」
×

07 □□□　登記の申請の代理人は、取下げについての代理権が特別に与えられていなくても、**申請の不備を補正するため**申請を取り下げることができる。

→ 2「申請代理人による取下げ」
○

08 □□□　書面を提出する方法によって登記を申請した場合において、当該登記の申請を**取り下げたとき**には申請書は**還付される**が、**申請が却下されたとき**には申請書は**還付されない**。

→ 2 ▶ 3
○

印鑑証明書の原本還付の請求をすることができる場合として、①**遺産分割協議書の印鑑証明書**、②**本人確認情報に添付した司法書士の職印に係る印鑑証明書**、③**登記識別情報の有効証明の請求に当たって提供した印鑑証明書**、④**住所証明情報として提供した印鑑証明書**の4点を押さえておきましょう。

1 原本還付

【原本還付を請求することができない書面】(規55条1項但) ▶1

> ① 印鑑証明書 ⬜
> ❶ **申請書に記名押印した者**の印鑑証明書 (令16Ⅱ)
> ❷ **代理人の権限を証する情報を記載した書面に記名押印した者**の印鑑証明書 (令18Ⅱ)
> ❸ **同意又は承諾を証する情報を記載した書面に記名押印した者**の印鑑証明書 (令19Ⅱ)
> ❹ **裁判所によって選任された者がその職務上行う申請の申請書(又は委任状)** に押印した印鑑に関する証明書であって、裁判所書記官が最高裁判所規則で定めるところにより作成したもの (規48③、49Ⅱ③)
> ② 当該申請のためにのみ作成された**委任状**
> ③ 当該申請のためにのみ作成されたその他の書類 ▶2

▶1 相続による権利の移転の登記等において、相続関係説明図が提出されたときは、申請書に添付した登記原因証明情報のうち、戸籍謄本等の原本の還付の請求をすることができる (平17.2.25民二457通)。

▶2 ex. 司法書士が当該申請のためにのみ作成した報告形式の登記原因証明情報、司法書士が当該申請のためにのみ作成した本人確認情報等。

2 申請の取下げ

取下げ可能時期	登記完了前 (規39Ⅱ参照)、又は申請が却下されるまで	
申請代理人による取下げ	欠缺補正のためにする場合を除き、特別の授権を要する (昭29.12.25民甲2637通)	
申請の一部の取下げ	同一の申請情報によって、二以上の申請をした場合、その一部について、申請を取り下げることができる (準29Ⅳ参照)	
申請書等の還付 ▶3	原則	書面申請がされた場合において、申請の取下げがされたときは、**申請書及びその添付書面が還付される** (規39Ⅲ)
	例外	偽造された書面その他の不正な登記の申請のために用いられた疑いのある書面は還付されない (規39Ⅲ・38Ⅲ但)

▶3 **【申請の却下と申請の取下げの比較】** ○：還付される ✕：されない

	申請書	添付書面	登録免許税	再使用証明の取扱い
申請の却下	✕	○	○	できない(*)
申請の取下げ	○	○	○	できる

* 却下の場合は、申請書は還付されないため、再使用証明を受けることはできない。

01 □□□ 　AからBへの売買による所有権の移転の登記の申請が却下された場合には、A又はBは、**単独で**審査請求をすることができる。　→**1**「審査請求適格」① 　○

02 □□□ 　代位により債務者のために相続の登記を行った債権者は、**相続の登記の抹消の処分**について審査請求をすることはできない。　→**1**「審査請求適格」② 　×

03 □□□ 　審査請求書は、処分を行った登記官を監督する**法務局又は地方法務局の長に提出**しなければならない。　→**1**「手続」「相手方」処分をした登記官に提出 　×

04 □□□ 　登記の申請情報及びその添付情報の**保存期間の満了後**においては、当該登記に関する審査請求をすることができない。　→**1**「手続」「期間制限」請求の利益がある限り、審査請求可能 　×

05 □□□ 　却下された登記の申請の代理人は、**審査請求についての代理権**が特別に与えられていなくても、審査請求の代理をすることができる。　→**1** ▷2 　×

06 □□□ 　登記官は、審査請求に理由があると判断した場合には、**3日以内**に意見を付して事件を監督法務局又は地方法務局の長に送付し、その長の命令により、相当の処分をしなければならない。　→**2**「登記官」理由がある場合は送付は不要 　×

07 □□□ 　登記の申請を却下する登記官の処分に対して審査請求がされたときは、審査請求を受けた法務局長又は地方法務局長は、審査請求に明らかに理由がないと認める場合を除き、登記官に対し、**仮登記**を命じなければならない。　→**2** ▷3 仮登記を命じるかどうかは裁量的 　×

08 □□□ 　審査請求人の申立てがあった場合には、法務局又は地方法務局の長は、審査請求人に**口頭で意見を述べる機会**を与えなければならない。　→**2** ▷4「審理方式」 　×

09 □□□ 　登記官の処分について、**処分の取消しの訴え**を提起する場合には、訴えの提起前に、審査請求に対する裁決を経る必要がある。　→**3** 　×

法務局長は、いわば登記官の上司に当たります。つまり、部下（登記官）の判断に納得いかず、上司にクレームを出すのが審査請求のイメージです。そして、不動産登記は登記の先後が重要な意味を持つため、上司（法務局長）に直接クレームを出してそこから対応を待つよりも、部下（登記官）を経由してクレームを出し、そこで部下（登記官）に対応させるようにしているのです。

1 審査請求の手続

対象となる処分 ▶1	申請の受理又は却下、登記の実行、各種の通知並びに登記事項証明書の交付等、不動産登記法上、登記官がすることができるすべての処分	
審査請求適格 ▶2	① 登記の申請が**却下**された場合における登記権利者**又は**登記義務者 ② 代位によって行った登記の抹消処分がされた場合における当該代位者	
手続	方式	審査請求書の提出（行審19 Ⅰ）
	相手方	当該登記官を監督する法務局又は地方法務局の長（156 Ⅰ）に対し、登記官を**経由してする**（156 Ⅱ）
	期間制限	制限なし（158による行審18の適用除外）

▶1　登記の実行行為に対する審査請求は、実行された登記を登記官が職権で抹消することができる場合（71 Ⅰ、25 ①～③、⑬）、すなわち、**登記が無効であることが登記記録上明白な場合**に限られる。

▶2　登記申請代理人から審査請求する場合は、登記申請の代理権とは別に審査請求についての**代理権限**の授与を要する。

2 審査請求事件の処理 💬

	理由があると認める場合	理由がないと認める場合
登記官	相当の処分をしなければならない（157 Ⅰ）	その請求の日から**3日以内**に、意見を付して事件を監督法務局又は地方法務局の長に送付しなければならない（157 Ⅱ）
法務局長等	登記官に相当の処分を命じ、その旨を審査請求人及び登記上の利害関係人に通知しなければならない（157 Ⅲ）▶3、4	裁決で棄却しなければならない（行審45 Ⅱ）▶4

▶3　この場合において、監督法務局又は地方法務局の長は、**当該処分を命じる前に**、登記官に審査請求に係る登記についての**仮登記**を命じることが**できる**（157 Ⅳ）。

▶4　【審理手続】

審理方式	書面審理による（行審29） 💡申立人・利害関係人の口頭による意見陳述は**認められない**（158による行審31 Ⅰの適用除外）
利害関係人の参加	**認められない**（158による行審13の適用除外）

3 他の行政法上による救済措置

　　登記官による不当な処分があった場合の救済手段としては、①「審査請求」、②「行政訴訟（処分取消しの訴え）」、③「国家賠償請求」がある。

＊　審査請求をすることができる場合であっても、**行政訴訟又は国家賠償請求**をすることができ、また、これらを併行させて提起することもできる。

Q 登記識別情報の通知の有無に関して、所有権更正登記に関する事例の結論がいまいち納得いきません。

A まず、登記識別情報の通知を受けるのは、Ⓐ「申請人」かつⒷ「新たな登記名義人」となる場合です。Ⓑ「新たな登記名義人」とは、「権利者その他の事項」欄に登記名義人の記載がされ、その者が新たに権利を取得又は持分が増加した場合を指します。この考えをもとに、具体例で説明していきましょう。

① 「B→C」への所有権移転登記を、「B→AC」にする更正登記がされた場合、登記識別情報はAに対して通知されますが、Cに対しては通知されません。この場合、ACの両方が新たに「権利者その他の事項」欄に記載されますが、Cは新たに権利を取得したり、持分が増加したわけではないからです。

② AB共有名義の不動産をA単有名義とする更正登記がされた場合、Aに対して登記識別情報が通知されます。この場合、公示の明確性の観点から、いったん登記名義人（AB）をすべて抹消した上で、改めてAが登記名義人として記載されるからです。

③ AB共有の不動産について持分のみの更正（「A：1／2、B：1／2」→「A：2／3、B：1／3」）がされた場合、ABの両方について登記識別情報は通知されません。この場合、「権利者その他の事項」欄には持分のみが記載されるところ、新たに登記名義人として「権利者その他の事項」欄に記載されるわけではないからです。

①

甲区	2	所有権移転	~~所有者 C~~
	付記1号	2番所有権更正	**共有者 持分2分の1 A**
			2分の1 C

②

甲区	2	所有権移転	~~共有者 持分2分の1 A~~
			~~2分の1 B~~
	付記1号	2番所有権更正	**所有者 A**

③

甲区	2	所有権移転	共有者 ~~持分2分の1~~ A
			~~2分の1~~ B
	付記1号	2番所有権更正	A持分 3分の2
			B持分 3分の1

Q p191の登録免許税の還付の可否の判断基準はありますか？

A 申請が登記官により**却下された**場合、申請人はその登録免許税の還付を受けることができます（登免税31Ⅰ、Ⅱ）。そのため、**本来登記官が却下すべきであるのにそれを見過ごして登記がされてしまった場合**にも、還付を認めるべきといえます。

例えば、p190の問09に関していえば、管轄違いの登記は登記官が申請時に却下すべきであるのにそれを見過ごして登記がされてしまったといえるため、還付が認められます。これに対し、問11では登記の嘱託自体はB名義とするものであったことから、登記官が申請時に却下すべきであったとはいえないため、還付は認められません。

令和3年度 改正不動産登記法 の概要

民法等の一部を改正する法律（令和3年4月28日法律第24号）において、不動産登記法が改正されました。改正のうち、「相続登記の申請の義務化と相続人申告登記」「所有権の登記の登記事項の追加」は、令和6年4月1日施行とされています。ここでは、その概要についてまとめます。

1 相続登記の申請の義務化 (改不登76条の2)

概　要	相続や相続人への遺贈があった場合に、相続や遺贈を登記原因とする所有権移転の登記の申請が義務付けられた [▶1]
趣　旨	所有者不明土地等の発生予防の観点から、その主要な発生原因である相続登記の未了に対応するため
備　考	登記申請義務が課される者 [▶2] ① 相続により所有権を取得した者 　→ 自己のために相続の開始があったことを知り、かつ、当該所有権を取得したことを知った日から3年以内 ② （相続人に対する）遺贈により所有権を取得した者 　→ 自己のために遺贈があったことを知り、かつ、当該所有権を取得したことを知った日から3年以内 ③ 法定相続分の相続登記がされた後に遺産分割によって法定相続分を超えて所有権を取得した者 　→ 当該遺産の分割の日から3年以内

[▶1] 　正当な理由なく申請を怠ったときは、10万円以下の過料に処される (改不登164 I)。
[▶2] 　代位者等により相続登記がされた場合には、所有権を取得した者に相続登記の申請義務は課されない (改不登76の2 Ⅲ)。

> これは、登記申請をするか否かは申請人の自由としている不動産登記の例外規定です。なお、所有者不明土地等の発生を予防する観点から、相続登記が義務付けられているのは「所有権」のみであることに留意しましょう。

2 相続人申告登記 （改不登76条の3）

概　要	相続登記・遺贈の登記を申請する義務を負う者が、登記官に対し、所有権の登記名義人について相続が開始した旨及び自らが当該所有権の登記名義人の相続人である旨を申し出ることができる制度 →　自己のために相続の開始・遺贈があったことを知り、かつ、所有権を取得したことを知った日から3年以内に相続人申告登記の申出をした者は、相続・遺贈による所有権の取得に係る所有権移転の登記を申請する義務を履行したものとみなされる ▶3、4
趣　旨	相続登記の申請を義務化するにあたり、相続登記における手続的な負担（ex.被相続人の出生から死亡に至るまでの戸籍謄本等が必要）を考慮して、簡易な手続によって相続登記義務を履行したものとみなすため
備　考	・相続人申告登記においては、申出人以外の相続人の氏名・住所、持分は登記されない ・相続人申告登記がされている不動産を第三者に譲渡（ex.売買）する場合や、相続人の債権者が持分の差押えをする場合には、その旨の登記をする前提として相続登記を申請する必要がある ・相続人申告登記の申出をした者は、その後の遺産分割によって所有権を取得したときは、当該遺産分割の日から3年以内に、所有権移転の登記を申請しなければならない ▶5

▶3　相続人申告登記の申出があったときは、登記官が、職権で、その旨、当該申出をした者の氏名・住所その他法務省令で定める事項を所有権の登記に付記する（改不登76の3Ⅲ）。

▶4　相続人が複数いる場合であっても、共同相続人のうちの一人は、他の相続人の関与なく相続人申告登記の申出をすることができる。そして、相続人申告登記がされても、申出をしていない他の相続人については、相続登記義務の履行をしたものとはみなされない。

▶5　代位者その他の者の申請又は嘱託により、遺産分割による所有権移転の登記がされた場合には、この義務は課されない（改不登76の3Ⅴ）。

2 所有権の登記の登記事項の追加 （改不登73条の2）

概　要	所有権の登記（ex.所有権保存の登記、所有権移転の登記）においては、法59条各号に掲げるもののほか、以下の項目が登記事項となる。 ①　所有権の登記名義人が法人であるときは、会社法人等番号その他の特定の法人を識別するために必要な事項として法務省令で定めるもの ②　所有権の登記名義人が国内に住所を有しないときは、その国内における連絡先となる者の氏名・名称・住所その他の国内における連絡先に関する事項として法務省令で定めるもの
趣　旨	①　会社法人等番号により、所有権の登記名義人である法人を厳格に特定し、その真正を確保するため ②　国内に住所を有していない者について、所在の把握や連絡が困難となる場合が多いため